Gerhard Ringeling

Fischländer Volk

Geschichte und Schicksal
einer mecklenburgischen Küstenlandschaft

Gerhard Ringeling
(19. Juni 1887 in Schönberg (Mecklenburg); † 31. Dezember 1951 in Bad Doberan)*

Gerhard Ringeling

Fischländer Volk

Geschichte und Schicksal einer mecklenburgischen Küstenlandschaft

Impressum

© (1943) 2023 DEMMLER VERLAG GmbH
An der Bäderstraße 7c, 18311 Ribnitz-Damgarten
Tel.: 03821 / 425514-0, Fax: 03821 / 425514-2
www.demmlerverlag.de

4. Auflage 2023
Unveränderter Nachdruck der Erstauflage von 1943.

Das Buch erschien erstmals 1943 in Carl Hinstorffs Verlag Rostock, der 1947 eine Nachauflage herausbrachte. 2010 erschien im Bülten Verlag, Kückenshagen ein Nachdruck der 2. Auflage von 1947. Eine eBook-Ausgabe der Erstauflage ist mit der ISBN 978-3-95560-709-8 im RhinoVerlag (Ilmenau) erhältlich.

Umschlaggestaltung:	Sibylle Senftleben, Verlag *grünes herz*®, nach einem Entwurf von Fritz Koch-Gotha
Titelbild:	Fritz Koch-Gotha
Typografie:	Sibylle Senftleben, Verlag *grünes herz*®
Übersetzung Seite 156:	Ulrike Stern, Kompetenzzentrum für Niederdeutschdidaktik, Universität Greifswald
Schrift:	Perpetua
Druck:	Alliance Print, Sofia

ISBN 978-3-944102-58-0

Inhalt

Einleitung zur ersten Auflage

Nicht ohne Bedenken hat sich der Verfasser entschlossen, der Anregung Friedrich Grieses zu folgen, der eine volkstümliche Darstellung der Fischländer Segelschiffahrt in der Reihe der Kamp-Bücherei wünschte. Er war sich zu gut bewußt, daß das Quellenmaterial hierfür noch verhältnismäßig dürftig ist. Aber bis das aus den Akten der Archive gesammelt und aufgearbeitet ist, werden noch viele Jahre vergehen. Es besteht aber die Gefahr, daß dieses Stück Heimatgeschichte von dem lebenden Geschlecht vergessen wird in dem Maße, als die letzten Segelschiffer aussterben. Das wäre aber doppelt schade in einem Augenblick, wo die harte Wirklichkeit unserer Generation die Gültigkeit des alten Hansespruches NAVIGARE NECESSE EST, VIVERE NON EST* eindringlich vor Augen führt. Kein Volk, welches Weltgeltung beansprucht, kann auf Seeherrschaft verzichten. Ganz gewiß aber nicht das deutsche, das eine so stolze Tradition von der Hansezeit an bis in die Gegenwart besitzt.

In einem schweren Ringen hat sich ein armes Dorf von Fischern und Bauern seine Seegeltung neben der mächtigen Hansestadt Rostock erkämpft, bis im neunzehnten Jahrhundert die Fischländer Flotte ein Drittel der Rostocker beträgt. Rostock aber hat die zweitgrößte Flotte unter allen deutschen Seestädten und wird nur noch übertroffen von Hamburg. Wie das Fischland zu dieser Stellung emporstieg, versuchen wir in einer Reihe anschaulicher Bilder zu zeigen. Eine zusammenhängende Entwicklung können wir

* Segeln ist notwendig, leben nicht.

nach dem Stande der Quellen heute noch nicht geben. Aber die einzelnen Höhepunkte sind klar überschaubar. Wenn vor allem im ersten Teil Chronik und Bericht wie ein Rahmen die einzelnen Szenen umfassen, so geschah es, um die lockeren Bilder fester in die Heimatgeschichte einzubeziehen. Vom achtzehnten Jahrhundert an sprechen die Bilder für sich selbst.

Nur eins bleibt zu sagen: Namen, welche auftauchen, sind die alten Familiennamen des Fischlandes. Sie stehen nicht für die einzelne Person, sondern für den Stand. Schicksale einer Dorfgemeinschaft werden hier gegeben, nicht Einzelschicksale. Nur die Gestalt des ersten Navigationslehrers Cyrus ist, soweit möglich, nach der vorliegenden Überlieferung gezeichnet.

Der Verfasser hätte das Büchlein nicht schreiben können ohne die freundliche und stets hilfsbereite Unterstützung der Wustrower Kapitäne. Ihnen gebührt sein besonderer Dank für die Überlassung wichtiger handschriftlicher Quellen und ständiger Beratung in den vielen seemännischen Fragen, mit denen der Historiker als Laie in diesen Dingen nie allein fertig geworden wäre. Wenn die letzten unter uns lebenden Fischländer Kapitäne die hier gezeichneten Bilder als wahrheitsgetreu empfinden, und wenn sie in der heranwachsenden Jugend Stolz auf die Leistung der Väter im Kampf mit der salzenen See erwecken, so hat das Büchlein seinen Sinn erfüllt.

Der Chronist erzählt / von Schiffahrt der Bauern und Städte / vom Kampf zwischen Hansestadt und Landesfürst

Als die beiden mecklenburgischen Seestädte Rostock und Wismar in den Jahren 1218 und 1229 gegründet wurden, war dieser bürgerlichen Siedlung die bäuerliche Landnahme rund ein Jahrhundert vorangegangen. Und gerade in dem von einem mächtigen Urwald erfüllten Küstenstreifen, der vom Klützer Winkel ausging und sich bis in den pommerschen Darß hin erstreckte lagen die von den deutschen Siedlern dem Urwaldboden in schwerer Rodearbeit abgerungenen Hagendörfer.

So war der deutsche Bauer sogleich bis an die Seekante vorgestoßen, und es war eigentlich selbstverständlich, daß er neben der Fischerei dazu überging, sein Korn entlang der Küste zu verschiffen. Wie an der Küste der Nordsee, so haben wir auch entlang der Ostseeküste mit einer alten Kleinschiffahrt dörflichen Ursprungs zu rechnen. Wir hören von ihr allerdings erst etwa 150 Jahre später, als sie mit der Schiffahrt der Hansestädte in Konkurrenz gerät. Klipphäfen nannte der Städter damals alle Häfen ohne Stadtrecht. Und als solche treten uns entgegen Boltenhagen, die Golnitz, Alt-Gaarz, Warnemünde – das zeitweise geradezu als Schiffersiedlung erscheint – Müritz, Wustrow und Ahrenshoop.

Die mauerumgürteten Hansestädte, Kaufmannsburgen, wie man sie wohl bezeichnet hat, trieben auf ihren Koggen Fernhandel mit den Massengütern des Ostseeraumes, also vor allem mit Bauholz, Korn und Fisch.

So lag es in ihrem Interesse, die Erzeugnisse des Landes ihren Märkten zuzuleiten, zu eigenem Verbrauch wie zur Ausfuhr. Und da sie das Recht hatten, hier den Preis der Produkte festzusetzen, und ihn aus begreiflichen Gründen niedrig zu halten strebten, so war ihnen der freie Handel der Fischer und Bauern ein Dorn im Auge. So haben sie denn, sobald sie zum Bewußtsein ihrer Macht kamen und Ordnung im eigenen Hause geschaffen hatten, brutal alle Klippschiffahrt erdrosselt und abgewürgt. Wenn es nötig erschien, wurde Gewalt angewendet. Sonst verschanzte man sich hinter die verliehenen, oft auch nur vorgeblichen Privilegien, die man dem Fürsten in Zeiten der Not abgepreßt hatte, wenn dieser infolge seiner Kämpfe und Fehden in Geldnot geraten war.

Der Kampf der Städte gegen die Klipphäfen ist aber nicht allein von wirtschaftlichen Bestrebungen und Handelsneid diktiert, hinter ihm birgt sich eine politische Sorge. Wismar sowohl wie Rostock waren einst als fürstliche Städte gegründet. Es ist natürlich, daß der Landesherr an dem Reichtum, der hier zusammenströmte, teilzuhaben wünschte. Eine skrupellose Machtpolitik des Rates hatte die fürstliche Oberherrschaft abgestreift, den Landesherren zu den Toren hinauskomplimentiert. Wie, wenn es ihm gelänge, eine eigene landesherrliche Seestadt zu errichten, außerhalb der Hanse stehend, Wettbewerber im Güterverkehr, wohl gar in der Lage, selbständige Politik im Ausland zu treiben, die sich auch einmal gegen die allzu mächtig gewordene Hanse richten konnte? Wo immer ein solcher Versuch gemacht wurde, ging es um die Existenz der Städte, da war jedes Mittel recht. Bescheidene bäuerliche Hafenplätze und Fischerlager, die gelegentlich einmal ihren Fang verschifften, konnte man allenfalls übersehen. Sobald aber fürstliche Macht einen solchen Ort unter Schutz stellte, gab es nur eins: Zuschlagen! Alle Eifersucht der Städte untereinander trat zurück. Rostock und Stralsund standen Seite an Seite.

Wo aber war die Gefahr größer als an der pommerschen Grenze, wo der Bodden als eine Wiederholung des Breitling erschien, in jener Zeit, als die Recknitz noch mehr als einen Ausfluß zum Meer hatte? So war es das Schicksal von Ribnitz und Wustrow, daß sie das ganze Mittelalter hindurch im Schatten Rostocks lagen.

KAPITEL 1
Die Kogge

Anno 1395 an einem hellen Vorfrühlingstage war eine stattliche Kogge aus dem Rostocker Hafen ausgelaufen und lag jetzt mit Kurs auf Stralsund querab vom Rosenort. Es war ein kurzes, stukiges Fahrzeug. Nur ein einziger Mast ragte in der Mitte empor und trug ein gewaltiges, ungeteiltes Rahsegel. Das Achterdeck erhob sich hoch über die Kuhl – wie man damals das Mitschiff nannte – und war ebenso wie das emporgetürmte Vorderschiff wie eine Schanze befestigt und aufgebaut. Das Fahrzeug stellte den modernsten damaligen Schiffstyp dar, denn es trug am Achtersteven ein mächtiges Steuerruder, dessen Pinne über zwei Taljen lief, da die Kraft eines Mannes nicht ausreichte, es zu regieren, wenn die See rauh wurde. Die älteren Fahrzeuge wurden damals durchweg noch mit losen Riemen gesteuert. Auf der Back befand sich neben dem Steuermann der Schiffer in einem kurzen grauen Wams, der unter dem Kettenpanzer hervorsah, das kurze Schwert an der Seite. Den Helm hatte er abgestellt, aber so, daß er griffbereit jederzeit zur Hand war. Außer ihm befanden sich noch drei Rostocker Kaufherren auf dem Hinterdeck, ähnlich gekleidet wie der Schiffer, und ein hochgewachsener Mann in einem dunklen Pelz, den man auch ohne die breite Goldkette um den Hals als Ratsherrn erkannt hätte. Der wandte sich an den Schiffer und flüsterte ihm ein paar Worte zu. Jürgen Schwerdtfeger runzelte die Stirn, warf einen prüfenden Blick auf den Himmel und über die See und gab dann dem Steuermann einen Wink, näher an das Land heranzuhalten. Der Tag war klar. Weit schweifte der Blick über den niedrigen Strand, dessen Dünen hell in der Sonne aufleuchteten und vor dem drei Reihen weißer Brecher standen, die auf unterseeische Sandbänke hinwiesen.

„Ein häßliches Fahrwasser hier", sagte einer der Kaufleute, „und auch die Küste gefällt mir wenig. Üble Leute, diese Wustrower, Strandräuber und mehr als das."

Nach Nordosten zu stieg eine runde Erhöhung empor und ein heller Strich lief durch die schmale Landzunge hinein in den Bodden. Auch der zweite Kaufmann stand an der Reeling und blickte hinüber, wo hinter dem Dünenstreifen sich ein paar dunkle Strohdächer zusammendrängten.

„Ein Klipphafen", sagte er grollend, „und nicht einmal schlecht gelegen. Und drüben jenseits des Boddens Ribnitz, das auch gerne Seestadt werden möchte und dreist seine Schuten und Snicken über den Bodden auslaufen läßt in die freie See und Handel treibt nach Stralsund und Lübeck, als hätten Rostock und Stralsund nicht auch ein Wort mitzureden."

Der Dritte der Kaufleute streifte die Kapuze von seinem schmalen, kantigen Gesicht zurück und lachte kurz auf. „Wundert es euch? Sie möchten's uns Rostockern nachtun. Und wer will es ihnen verargen? Liegt nicht der Bodden vor ihrer Stadt wie der Breitling vor unserer? Und in Wustrow wohnen kühne und harte Fischer, nicht anders denn in Warnemünde."

„Die Pest über sie", fuhr der erste auf, „Klippschiffer! Was haben sie verloren auf See? Wir dulden sie nicht!" Er schlug mit der Faust auf die eichene Reeling. „Was nützen uns unsere Privilegien, die wir dem Herzog für schweres Geld abgemarktet haben, wenn jeder entlang der See Schiffahrt und Handel treiben kann, die nur den Hansestädten gebühren.“

In diesem Augenblick stieg ein Mann die Treppe zur Back empor, in dem man ohne weiteres einen Fremdling erkannte, auch wenn er nicht ein fremdartiges Plattdeutsch gesprochen hätte. Er trug einen schweren grauen Mantel und eng anliegende Beinkleider in hohen Stulpenstiefeln.

„Mit Verlaub, ihr Herren, darf ich fragen: Was heißt Klipphafen?“

Ein wenig mißtrauisch musterten ihn die Kaufleute, war es ihnen doch, als ob das Lächeln, das um den schmalen Mund des Fremden spielte, ein wenig von Spott in sich barg.

„Ihr müßt weit herkommen, Fremdling, wenn Ihr das nicht wißt“, knurrte der erste und musterte den Frager mit etwas mißtrauischem Blick.

„Aus dem Lande Oldenburg. Ich habe eine Koppel Pferde für den Herrn von Moltke nach Rostock gebracht und abgeliefert. Will jetzt nach Stralsund. Also – was heißt hier Klipphafen? Und warum sollen die Männer an der Küste nicht das Recht haben, die See zu befahren?“

Die Gefragten schwiegen einen Augenblick mißmutig. Da wandte sich der Ratsherr zu ihnen mit einer leichten Verneigung.

„Herr Herwig van Staden“, sagte er. „Wir kennen uns. Ihr waret zu Gast bei meinem Vetter, dem Ratsschreiber. Ich will euch eure Frage beantworten. Seht, das ist so: Seit dieses Land deutsch geworden ist, haben die Städte Wismar und Rostock vom Herzog das Privileg empfangen als des Landes Bollwerk und Schlüssel zur freien Ostsee. Wir haben Häfen gebaut und den Lauf der Warnow begradigt. Unsere Friedenskoggen halten die Dänen kurz und die Seeräuber, die den Kaufmann brandschatzten. Wir haben Stapelgerechtigkeit, wir führen die Waren aus und ein. Glaubt ihr, daß alles das umsonst geschehen sei? Glaubt ihr, daß das nicht Gut und Blut gekostet habe? Meint ihr, daß es leicht gewesen sei, das mächtige Lübeck abzuwehren, das am liebsten die ganze Schiffahrt über die Ostsee bis in die baltischen Lande beansprucht hätte? Und nun wir das alles geschafft haben, sollten wir teilen mit jedem, dem es einfällt, ein Schiff zu Wasser zu lassen und auf dem Meer, das wir befriedet haben, nach Belieben Handel zu treiben, uns zu unterbieten, die wir die schweren Ungelder zahlen für die Friedenskoggen, Hafenbollwerke und was sonst der Schiffahrt dient! O nein, wir wollen nicht teilen. Jedem sein Recht. Schiffahrt den Hansen. Den anderen Menschen entlang der Küste Fischerei."

Herwig van Staden lächelte. „Ich verstehe, ihr Herren. Schon heut liegt eure Hand schwer auf Warnemünde. Ihr wollt, daß die Schiffer dort nach Rostock ziehen – – – – – –"...

„Das wollen wir, und wir werden es erreichen."

Der Fremde nickte. „Wohl möglich. Ob aber der Herzog oder der Pommer eure Auffassung billigt, dünkt mich zweifelhaft. Andere Länder haben anderes Recht. Niemand wehrt in der Grafschaft Oldenburg dem Bauern, seine Güter selbst zu verschiffen. Und drüben an der holsteinischen Küste bringt der Dithmarscher Korn und Wolle bis nach Holland."

Der Ratsherr machte eine ungeduldige Bewegung mit der Hand, als ob er etwas abschneiden wolle. „Mag sein: andere Länder, anderes Recht. Hier aber herrscht das unsere." Dann wandte er sich ab und trat an die Reeling und spähte scharf hinüber zum Strand. Das Dorf Wustrow lag jetzt im Rücken der Kogge. Das hohe Ufer glitt vorüber, und die Bucht von Ahrenshoop tat sich auf. Alle Männer blickten stumm und mit verschlossenen Gesichtern zum Lande hin. Auch hier lief ein schmales Tief durch die Landzunge. Aber das war es nicht, was ihre Blicke anzog. Es war der Turm, der sich dort an der Durchfahrt erhob, mit Wall und Graben befestigt, an dem noch eifrig gearbeitet wurde. Und das Tief war mit einem Bollwerk versehen, das es einfaßte und auf dem zwei Zollbuden standen.

„Der Herzog von Sund hat es ja sehr eilig“, grollte der Schiffer, und seine Hand machte willkürlich eine Bewegung, als wolle sie nach dem Helm greifen. „Die Burg ist nahezu fertig. Es sollte mich wundern, wenn die Stadt nicht bald folgte.“

Der Ratsherr antwortete nicht. Er blickte starr hinüber. Sein Mund war zu einem leisen Hohn verzogen, und in seinen Augen brannte ein gefährliches Feuer. „Es ist noch nicht aller Tage Abend“, sagte er kurz, aber sein Blick hing drohend an der neu entstandenen Anlage, und man merkte, daß hinter seiner hohen, gewölbten Stirn allerhand Gedanken liefen, aber keine freundlichen. Plötzlich wandte er sich hart um und schritt die Treppe hinab in die Kajüte.

Die Kaufleute, die zurückblieben, steckten die Köpfe zusammen. Ihre Gesichter trugen deutlich einen Zug von Sorge.

„Die Herren vom Rat verhandeln und reden. Aber der Pommernherzog kümmert sich einen Dreck drum. Der weiß, was er will“, sagte der erste düster.

„Mit Reden macht man keine Dinge ungeschehen“, fuhr der zweite fort. „Dies Spiel muß ein Ende haben!“ Er wandte sich ab, als wollte er von dem ganzen Treiben am Lande nichts mehr sehen.

Es herrschte Schweigen auf der Back. Der Oldenburger lächelte leise vor sich hin. Er mochte sich seine eigenen Gedanken machen. Der Schiffer trat zum Steuermann und gab ihm den Befehl, an den Wind zu gehen. Die Kogge stampfte in den langgezogenen Wellen der Ostsee, die Küste des Darßwaldes zog vorüber, und dann begann es zu dämmern.

Knapp 14 Tage später kam die Kogge von Stralsund zurück und hielt Kurs auf Warnemünde. Man hatte eben die Spitze von Prerow umschifft. Der Ratsherr Heidemann saß in der Kajüte und lächelte still vor sich hin. „Bald werden wir sehen, ob der Streich gelungen", murmelte er leise und trommelte nervös mit seinen Fingern auf den Tisch, auf dem ein Becher voll Wein und ein zinnerner Teller mit Hartbrot stand. „Allzu scharf, mein Herr Herzog, macht schartig. Ihr haltet die Rostocker für Schlafmützen. Es sollte mich wundern, wenn ihr euch nicht geirrt hättet."

In diesem Augenblick vernahm er den Tritt vieler Füße an Deck, erstaunte Ausrufe und Fragen und eine große Unruhe. Wiederum umspielte ein Lächeln seinen scharfgeschnittenen Mund. „Aha, das Spektakulum beginnt! Nun, wir wollen es uns ansehen." Er erhob sich gemächlich, schlüpfte in seinen Pelz und trat ins Freie.

Die ganze Mannschaft hing an der Backbordseite des Schiffes und starrte zum Lande hinüber. Lachen und Ausrufe erklangen, als der Gesandte des Rats lässig und unbewegt durch ihre Reihen schritt und die Treppe zur Back emporstieg.

Der Schiffer trat ihm entgegen. Seine Augen sprühten Feuer, und ein triumphierendes Lächeln lag auf seinem Gesicht. Er streckte den Arm zur Küste hin aus. „Da, seht, gestrenger Herr, gute Arbeit!"

Nur ein leises Zucken umschwebte die hochgeschwungenen Augenbrauen des Ratsherrn. Schweigend trat er an die Reeling und blickte zum Lande hinüber. Wo sich vor ein paar Tagen der mächtige Bau des Bergfrieds erhoben hatte, war jetzt nichts zu sehen als ein rauchender Trümmerhaufen, auf dem eine große Anzahl von Menschen durcheinanderwimmelte und mit Hebebäumen die Trümmer des Bauwerks in das schmale Tief wuchteten, indes ein anderer Teil dabei war, das hölzerne Bollwerk, mit dem es eingefaßt war, auseinanderzureißen und die Eichenpfähle quer in die Fahrrinne zu kippen.

Die Kaufleute auf der Back lachten und schlugen sich auf die Schenkel. „Saubere Arbeit, bei der heiligen Jungfrau, saubere Arbeit! Dem Herzog wird das Lachen vergehen. Hei – einer von den verfluchten Klipphäfen erledigt!"

Der eine von ihnen schirmte die Augen mit der flachen Hand und spähte hinüber. „Beim heiligen Jodocus, das ist eine stattliche Schar! Ich schätze, es sind mindestens sechs oder acht Hundert!"

„Tausend Gewappnete", sagte der Ratsherr mit eiskalter Stimme. „Heut ist Sankt Margaretentag. Das Unternehmen ist seit Wochen geplant und vorbereitet. Der Rat kann nicht nur reden und verhandeln, ihr Herren! Wenn's not tut, handelt er auch."

„Recht so, gestrenger Herr! So soll es bleiben. Niemand anders als Rostocker Bürger sollen die salzene See befahren. Und kein Herzog und Fürst, viel weniger denn Fischer und Bauer soll uns in unserem hanseschen Recht kränken."

Der Ratsherr lächelte und verneigte sich leicht. Dann schritt er wieder die Treppe hinab und schloß die Kajütentür hinter sich zu. Auch die Kaufleute auf der Back beruhigten sich, und bald herrschte Schweigen an Bord. Nur in der Kuhl unter dem Großmast saß eine Schar von Schiffsleuten und redete leise miteinander. Unter ihnen ein Fremder, hochgewachsen und mager, unter dessen Kappe die Strähnen seines roten Haares hervorlugten. Er schwieg und hörte spöttisch lächelnd den leisen Reden der Schiffsleute zu.

Ein breitschultriger, untersetzter Mann wandte sich an seinen Gefährten, der auf einem Stückgut saß und an einem Stock schnitzelte.

„Da hast du die Meinung der großen Hansen, Jan, blank und bar. Sie wollen die See befahren. Sie wollen die Reichtümer einstreichen. Sie schreiben uns vor, wieviel der Fisch kosten soll. Und was wären sie ohne uns? Ohne das Volk entlang der Küste, das ihre Schiffe bemannt? Aber wir sind für sie nur Strandräuber, Piraten, und bringen wir ein Boot zur See, so schimpfen sie uns Klippschiffer."

Der Angeredete nickte. „Hundevolk, das! Aber an Wustrow, denk ich, werden sie sich nicht vergreifen. Sie bekämen es mit dem Kloster zu tun. Und mit der Kirche ist nicht gut Kirschen essen. Der Bann ist eine schwere Waffe."

Der Rothaarige mischte sich in das Gespräch. „Euch ist nicht aus dem Herzen gesprochen, was die hohen Herren in ihrem Jubel offenbarten. Ihr seid keine Rostocker?"

Jan schüttelte den Kopf. „Wir sind Wustrower, – Strandräuber – du hast es ja gehört."

Der Fremde blickte ihn lächelnd an. Aber er antwortete nicht, sondern begann leise vor sich hin zu singen:

„Fri is de Feskfang
und fri is de Jagd.
Fri is de Strandgang
und fri is de Nacht.
Fri is de See, de wille See
an de Hörnemmer Rhee."

Die Schiffsleute sahen ihn an. „Du bist Friese?"

Er nickte. „Aus Norderdithmarschen. Wir haben uns Edelmann und Bürger gleichzeitig vom Leibe gehalten. Wir führen den Pflug wie das Steuerruder und die Schot. Frei sind wir und lassen uns von keinem Hamburger dreinreden, wenn wir unsere eigenen Erzeugnisse verschiffen. Warum muß der Städter dem Bauern und Fischer den Rahm von der Milch nehmen?" Er schlug an seinen Gürtel, an dem ein langes Messer fast wie ein kurzes Schwert hing. „Aber hier! Das führen wir auch! Und haben oft genug gezeigt, daß wir's führen können, das Schwert. Wehrt euch, Bauern und Fischer, wehrt euch! Sonst dämmen sie das Tief bei Wustrow auch zu, und ihr dürft für sie fronen und sklaven. Haltet sie euch vom Leibe! Den Edelmann so gut wie den übermütigen Hansen. Nur so bleibt ihr frei."

Die Wustrower nickten stumm. Ihre Blicke gingen versonnen über die schäumende Flut. Im Mast pfiff der Wind im Tauwerk.

Der Chronist erzählt / von Kämpfen der Hansestädte mit Schweden / von Likendeelern in Wustrow

Die Zerstörung der Burg von Ahrensspör, wie Ahrenshoop damals noch heißt, im Jahre 1395, war ein Schlag Rostocks gegen den Versuch, eine fürstliche Seestadt zu gründen, die der pommersche Herzog vom Sund unternommen hatte. Um dieselbe Zeit wurde auch der Hafen von Wustrow zerstört und das Tief verschüttet. Wahrscheinlich haben sich Rostock und Stralsund zu diesem Unternehmen verbündet. Die Quellen erzählen nur, daß der Stralsundische Hauptmann Karsten Sarnow die Schar angeführt habe, die diese Aktion durchführte. In den späteren Quellen, in Akten, die Neuerrichtung des Ribnitzer, das heißt also des Wustrower Hafens betreffend, heißt es, daß die Rostocker den Hafen zerstört haben. So wird es sich um einen gemeinschaftlichen Zug der beiden Hansestädte gehandelt haben. Das genaue Jahr steht nicht fest. Möglicherweise ist die Zerstörung im gleichen Jahre erfolgt. Diese Aktion richtete sich gegen die vom Bodden aus betriebene Klippschiffahrt. Sie wurde damals durchgeführt, weil man einen ausgezeichneten Vorwand hatte, gegen diese Häfen vorzugehen, und das waren die Vitalienbrüder.

Im Jahre 1389 war der mecklenburgische Herzog, der gleichzeitig König von Dänemark und Schweden war, von seiner Rivalin, der großen Königin Margarete, geschlagen und gefangengenommen. Ganz Schweden war als Folge dieses Schlages verlorengegangen mit Ausnahme von Stockholm, dessen Besatzung sich tapfer hielt. Nun mußte den gesamten Hansestädten daran liegen, daß der deutsche Einfluß im skandinavischen Norden nicht verlorenging. So erließ man einen Aufruf und gab Kaperbriefe aus, die man in jener Zeit mit schöner Offenheit Stehlbriefe nannte, an alle Privatpersonen, welche Stockholm verproviantieren wollten und die feindlichen Küsten und die gesamte feindliche Schiffahrt zu plündern und zu berauben gewillt waren. Von den mecklenburgischen Ständen wurde diesen Vitalienbrüdern – der Name hat nichts mit Viktualien zu tun, sondern stammt aus Frankreich, wo er schon damals die Bedeutung von Seeräubern hatte – ausdrücklich die Häfen Wustrow und die Gollnitz angewiesen. Denn Wismar und Rostock selber legten nicht eben Gewicht darauf, zu viel von diesen zweifelhaften Gesellen in ihren eigenen Häfen zu bergen. Zuerst war es auch noch halbwegs ein ehrlicher Seestreit. Der mecklenburgische Adel führte jetzt zur Unterstützung der herzoglichen Politik Fehden zur See, wie er sie sonst auf dem Lande geführt hatte. Bald aber wurden aus den Kaperern Seeräuber, die mit furchtbarer Brutalität und Grausamkeit Gottes Freund und aller Welt Feind waren, das heißt die hanseschen Schiffe genau so gut plünderten und ausraubten wie Dänen und Schweden. Sie entwickelten sich zu einer wahren Pest für die gesamte Ostseeschiffahrt. Auch als der Herzog im Jahre 1395 aus seiner Gefangenschaft ausgelöst wurde, trieben sie ihr Unwesen weiter. Als sie aber Skannör, Wisby, Wiborg und Abö besetzten und zu wahrhaften Raubburgen ausbauten, wandte sich die stärkste Macht der Ostsee, der deutsche Orden, gegen sie. Nicht weniger als 84 Schiffe und 4.000 Bewaffnete sowie 400 Pferde machte der Ordensmeister mobil und vertrieb die Raubgesellen im Jahre 1398 aus der Ostsee. L i k e n d e e l e r haben sicherlich in den vorangehenden Jahren in Wustrow gelegen. Wenn aber die mündliche Überlieferung Störtebecker und Gödeke Michael nennt, sie gar zu Ribnitzern macht, so ist dagegen festzustellen, daß die Namen dieser Piraten überhaupt erst auftreten nach ihrer Flucht in die Nordsee, wo sie 1401 in der Schlacht von Helgoland vernichtet werden. Die Volksüberlieferung überträgt ja durchweg alle Geschehnisse auf diejenigen Personen, die besonders hervorragen. Und als Störtebecker und Gödeke Michael in der Volkssage zu Räuberhelden wurden, erzählte man sich auch in Mecklenburg überall von Raubnestern, unterirdischen Gängen, vergrabenen Schätzen, die alle Störtebecker zugeschrieben werden. Den Rostockern aber konnte nichts gelegener kommen, als diese allgemeine Bewegung gegen die Seeräuber dazu zu benutzen, um den gefährlichsten benachbarten Klipphafen zu beseitigen. Das haben sie zwischen 1395 und 1400 so gründlich besorgt, daß das Tief von Wustrow seit jener Zeit geschlossen blieb und immer tiefer versandete. Glücklicher waren die Ahrenshooper. Denn dieser Kanal ist entweder wieder ausgeräumt worden oder die Meeresströmung, günstiger als in Wustrow, hat ihn wieder aufgebrochen. Daß die Überlieferung von der gewaltsamen Schließung des Wustrower Tiefs durch Versenkung beladener Schiffe zutreffend ist, ergibt sich daraus, daß 1790 daselbst drei Schiffe ausgebaggert wurden, als man den jetzigen Wustrower Hafen aufräumte. Es ist nur bedauerlich, daß sich hiervon nur die mündliche Überlieferung erhalten hat, daß wir keine genauere Beschreibung der Fahrzeuge haben. Nur daß es sich um vorn und hinten zugespitzte, also nach Art der Spitzgatjollen gebaute Fahrzeuge handelt, ist überliefert. Wenn uns ein solches Fahrzeug erhalten wäre, so würden wir eine wirkliche Vorstellung von den alten hanseschen Snicken haben, d. h. jenen Fahrzeugen, welche, auf Geschwindigkeit gebaut und stark bemannt, sowohl Segel wie Ruder führten und – wie wir heute sagen würden – die Geleitzüge der schwerfälligen langsamen Koggen begleiteten.

KAPITEL 2
Zerstörung des Hafens von Wustrow um 1400

Der Sommerabend war wolkenverhangen, und ein leiser Regen ging hernieder. Der Wind stand schwach aus südöstlicher Richtung und trug Stimmen und Geräusche aus dem Dorf bis in das Dünengelände hinein, wo der alte Schulz auf einem der mächtigen Granitblöcke saß und über die grauen Wellen hinspähte. Zu seinen Füßen kauerte sein mächtiger grauer Schäferhund. Der Alte trug einen Gurt, an dem ein langes Messer in breiter Scheide hing, fast wie ein Schwert anzuschauen. Und der Stab, der neben ihm im Sande lehnte, mit der langen, starken eisernen Spitze, war auch nicht viel anderes als ein Speer. Es war eine unruhige Zeit, die über das stille Wustrow gekommen war. Vom Hafen her hörte man Lachen und Johlen, dazwischen klang das Kreischen von Frauenstimmen. Dann Kommandos. Noch war ein lautes Rufen der am Strande Zurückbleibenden, und dann schoben sich schattenhaft vor der schmalen Sichel des zunehmenden Mondes Fahrzeuge mit Bewaffneten in See, eins nach dem anderen mit Kurs nach Norden. Vier hatte der alte Bauernvogt gezählt. Er seufzte, griff in die Tasche und zog ein Stück Brot und Speck heraus. Dann aber stutzte er und beugte sich lauschend vor. Ein Schritt wurde im mahlenden Sand hörbar. Er richtete sich ein wenig auf, um gleich darauf in die gebückte Haltung zurückzufallen, denn der dort aus dem dämmernden Schatten des Dünenhangs hervorschritt, war der Bauer Permin aus Althagen, sein Nachbar im Schulzenamt. Er war ähnlich gekleidet wie Ewald Jörck und nahm ihm gegenüber auf einem anderen Stein Platz. Das breite Messer war ihm im Wege. Ärgerlich stieß er es zurück. „Wie lange ist das her, daß man ohne Waffen zu Feld oder zu Strand gehen kann, Schulz? Das haben wir früher auch nicht gekannt." – „Sechs Jahre", sagte der ruhig, ohne mit dem Essen einzuhalten. „Vor sechs Jahren hat die mächtige Margret den König Albrecht, unsern Herzog, gefangengenommen. Und im Jahr drauf kam der saubere Aufruf der Städte, die Stehlbriefe ausgaben für alles Gesindel, das auf den Meeren fährt und mit den Dänen streiten wollte. Und im Jahre drauf ging's los. Da erschienen die ersten Likendeeler in Wustrow. Und seit der Zeit sind wir nicht zur Ruhe gekommen."

„Zuerst mochte es ja auch noch angehen. Es ist manch blanker Taler ins Dorf gekommen. Und unser Korn und Vieh hat man uns gut bezahlt."

„Wenn man's bezahlt hat!"

„Nun ja, Haare haben wir schon lassen müssen, gelegentlich."

„Und ihr Treiben mit den Weibern im Dorf? Und daß uns die Knechte wegliefen und unter das Schiffsvolk gingen, und unsere eigenen Söhne! Die Pest über das Volk! Ist das das Sündengeld wert, was hier im Dorfe hängenblieb?"

„Hast du deinen Jungen noch immer nicht vergessen? Hockst du darum hier in der Dunkelheit am Strand und starrst über die Wellen? Und was sind das für Gesellen, die zu dir kommen in der Dunkelheit? Was wollte der pommersche Schiffer, der bei dir war vorgestern? Ein Schaf kaufen?"

„Schweig“, flüsterte der Bauernvogt und machte eine hastige Bewegung nach dem Messer an seiner Seite. „Schweig, du Narr! Die Dünenkanten haben Ohren!“ – Er beugte sich vor und lauschte angestrengt. – Der große, graue Hund hatte einen Augenblick seinen Kopf erhoben, legte ihn aber gleich wieder auf die Vorderpfoten. – „Es ist nichts“, fuhr er fort. „Aber hör zu, Christian Permin. Ich habe Sorge, schwere Sorge.“

„Wovor?“

Der Alte lachte zornig vor sich hin. „Du Tor! Was tust du, wenn sich ein Hornissenschwarm auf deinem Boden ansiedelt, oder der Ilk legt seinen Bau unter deinem Backofen an? – Du räucherst sie aus, oder mauerst dem Ilk den Bau zu. – Sind die Likendeeler etwas anderes als ein Hornissenschwarm oder ein Iltis, der auf Raub ausgeht? Glaubst du, daß die Hansen das auf die Dauer dulden werden?“

Der andere lachte kurz auf. „Die Hansen! Mag es einmal über ihre Tuchballen und Heringsfässer hergehen! Sie haben uns oft genug geschunden. Und dulden? Was will denn das allmächtige Rostock und Stralsund? Sind nicht die Likendeeler Herren auf Skanör, in Wisby, Wiborg und Abö?“

Ewald Jörck sah den Sprecher mit seinen kalten, hellen Augen spöttisch an. „Und du meinst, sie werden warten, bis sie auch an der deutschen Küste sich eingenistet haben? Drüben an die Raubburgen in Dänemark kommen sie schlecht heran. Aber hier, du Tor, wir, die wir unmittelbar zwischen Rostock und Stralsund liegen – –“

Der Althäger erschrak. „Wie kommst du darauf? Hast du Nachrichten?“

Der Alte zuckte die Achseln. „Es liegt etwas in der Luft. Man soll seinen Feind nie für dümmer halten als sich selbst. Wär ich Bürgermeister von Rostock, ich wüßte, was ich tät." Er wies mit der Hand auf die Segel, die in dem schwachen Dämmerlicht des Mondes kaum sichtbar am Horizont verschwanden. „Hinaus sind sie. – Ich würde dafür sorgen, daß die ihren Raubbau versperrt fänden, wenn sie wiederkommen!"

Christian Permin packte mit hartem Griff den Arm seines Freundes. „Du weißt mehr, als du sagen willst. Was ist?"

Der Wustrower blickte finster vor sich nieder. „Es liegt etwas in der Luft", wiederholte er.

„Ja, ich weiß etwas! Christien, der Fischer, hat es mitgebracht. Sie planen einen großen Schlag gegen die Likendeeler. Ein paar Leute wollen wissen, daß in Danzig eine Ordensflotte von fast 100 Schiffen liegt mit 4.000 Bewaffneten. Rostock und Stralsund wären Toren, wenn sie die Winkel im Bodden hier verschonten. Und unsere Seefahrt und – – Wird man uns nicht behandeln wie Verbündete der Räuber?"

„Gott und alle Heiligen stehen uns bei!"

„Ja, Gott und alle Heiligen. Wenn ihr mit euerm bißchen Mutterwitz zu Ende seid, schreit ihr nach Gott und Allerheiligen. Seit Jahren habe ich gemahnt: Haltet euch zurück von dem Gesindel, kauft nicht von ihnen und verkauft nicht an sie. Es sei denn, daß ihr gezwungen seid. Ich habe gebeten, wieder und immer wieder: Laßt uns Klagebriefe schreiben, wo uns Unrecht zustößt, nach Rostock und nach Stralsund. Es hätt ja können heimlich geschehen. Ausgelacht habt ihr mich, Angst habt ihr gehabt vor dem Hundevolk. In Wahrheit konntet ihr den Hals nicht voll genug kriegen vom Stehlgut der Fremden. Ihr habt nie an morgen gedacht! Nie dran gedacht, daß Zucht und Ordnung sein müssen, daß kein Reich bestehen kann ohne sie. – Nun werden wir erleben, was kommt!"

Der andere ließ den Kopf hängen. „Schlimm, wenn du recht hast." Plötzlich beugte der Wustrower sich vor und sah scharf hinüber nach der Spitze des Darßwaldes. „Da ist es wieder!"

„Was denn?"

„Das rote Licht."

„Vielleicht gilt das den Schiffen."

„Möglich, aber ich glaub's nicht. Hab's schon vor ein paar Tagen gesehen, damals, als man im Dorf zum ersten Male davon redete, daß die Flotte in See gehen werde." Er spähte angestrengt nach der Spitze von Rosenort hin. „Siehst du? Auch dort glimmt ein Feuer."

„Vielleicht sind es Fischer, die sich ihre Mahlzeit bereiten."

Der alte Bauernvogt lächelte grimmig. „Vielleicht – vielleicht wird an diesem Abend, von Stralsund angefangen, an der Küste entlang in Abständen ein unschuldiges Fischerfeuer nach dem anderen angezündet, bis nach Warnemünde und Rostock. Und vielleicht marschieren zufällig von Stralsund und von Rostock Gewappnete ab oder laufen Schiffe aus. Und vielleicht bekommen wir Besuch, morgen oder übermorgen, oder wer weiß wann." Er erhob sich und schlug seinen langen, grauen Umhang um sich. „Leb wohl, Christian Permin! Ich würd' an deiner Stelle ein wenig dafür sorgen, daß in den Häusern von Althagen kein Beutestück unserer Freunde Gödeke Michael oder Störtebecker zu finden ist. Ich würde heut abend noch mit den vernünftigen Hauswirten reden."

Christian Permin bot ihm die Hand. „Du hast recht, Ewald, du hast recht. In deinem Kopf ist mehr Grütze als in unseren. Ich will tun, wie du mich geheißen hast." – Seine hastigen Schritte verklangen bald in der Dunkelheit.

Ewald Jörck schaute ihm nach und warf dann einen Blick über die Walmdächer von Wustrow, die schwer und wuchtig aus der Dämmerung hervortraten. „Mehr Grütze als in euren Köpfen! Dazu gehört nicht viel. Hinterdrein greinen sie wie Kinder um vergossene Milch. – Doch ich will herumgehen und die Hauswirte warnen. Hoffentlich hat der Fischer Christien den Wisch, den mir der Schreiber aufgesetzt hat, rechtzeitig nach Rostock gebracht." –

Er schritt auf sein Gehöft zu. In der Ecke des Kohlgartens stand, aus schweren Stämmen auf einem Hügel errichtet, ein hölzerner Turm. Er stieg die Leitern hinan und spähte weit in die Runde. Das Feuer von Rosenort war erloschen. Aber weiterhin, deuchte ihn, stand ein mattrötlicher Schimmer dicht vor Warnemünde. „Nett von den Likendeelern, daß sie mir den Ausguck auf meinen eigenen Hof gebaut haben. Ich fürchte nur, er wird nicht lange mehr stehen. – Hm, hm, vielleicht lassen sie mir das Holz. Ich könnt es gebrauchen."

Zwei Tage später liefen von See aus drei Snicken in das Tief von Wustrow, dessen Rest heute der „alte Permin" bildet, ein. Es war nicht ganz leicht. Denn der Graben, der früher einmal 15 Fuß tief gewesen war, war stark versandet und auch nur schmal. Sie machten fest, und die Mannschaft ging zur Ruhe. Nur der Schiffer saß noch eine Weile auf dem Achterdeck. Er hatte Schwergut geladen, das mit alten Segeln sauber abgedeckt war.

In dieser Nacht konnte der alte Schulz nicht schlafen. So stand er bald nach Mitternacht noch einmal auf, trat in das Freie und beobachtete verstohlen die im Hafen liegenden Fahrzeuge. Aber hier war alles ruhig. Die Mannschaft mochte schlafen, und nur eine Wache schritt langsam am Ufer auf und ab. „Ich fange reinweg an, Gespenster zu sehen“, dachte er. „Vielleicht hat Permin recht, und die Feuer am Strande bedeuten nichts, als daß sich ein paar Fischer oder Holzfäller ihr Abendbrot bereitet haben.“ So ging er ins Haus zurück und war bald darauf in einen ruhigen Schlaf gesunken.

Doch der sollte nicht lange dauern. Kaum daß der Morgen graute, rüttelte ihn ein Bote aus Althagen wach:

„Ahrenshoop brennt! Eine große Schar von Gewappneten aus Stralsund ist über das Dorf hergefallen, und jetzt dämmen sie das Tief zu. – Christian Permin schickt mich, Herr. „Was sollen wir tun?“ Mit einem Fluch fuhr der Alte in die Kleider. „Was sollen wir tun, Herr?“ wiederholte der Bote fassungslos und zitternd.

„Nichts“, knurrte der Alte. „Seht zu, daß eure Brunnen in Ordnung sind, und stellt Wasser bereit zum Löschen. Wehren können wir uns nicht. Es sollte mich wundern, wenn die Rostocker nicht auch bald hier sind.“

Ein paar Minuten später, in denen der alte Bauernvogt das Dorf alarmiert hatte, kam einer seiner Hütejungen vom hohen Ufer her.

„Allzu schlimm sieht es nicht aus! Was dort brennt, scheinen nur die Zollbuden zu sein, die der Fürst im Frühjahr neu errichtet hat. Doch die Schar der Gewappneten ist groß, sicherlich ein paar Hundert. Der Hauptmann heißt Karsten Sarnow“, fügte er hinzu, „ein paar Mädchen sind gleich zu Anfang geflüchtet und haben die Nachricht mitgebracht.“

Kaum daß es hell geworden war, kam ein leichtes Boot über den Bodden, in dem zwei Männer ruderten, als sei der Teufel hinter ihnen her.

Ewald Jörck warf einen Blick hinüber. „Die Rostocker kommen! Das ist Klaas Ahlgrimm, der Fischer. Er sollte mir Bescheid bringen."

Die Sonne stand noch nicht lange über dem Horizont, da rückten von beiden Seiten die Heerhaufen der Städter gegen Wustrow an. „Wenigstens halten sie Ordnung", murmelte der Schulz, „und betrunken sind sie auch noch nicht."

Eine Stunde später war im Dorf ein Leben wie auf dem Ribnitzer Herbstmarkt. Doch die Söldner hielten sich zurück. Und die Wustrower taten das Klügste, was sie tun konnten, sie gaben den ungebetenen Gästen reichlich zu essen, waren aber sparsam mit Bier.

Der Hauptmann Karsten Sarnow war ein hochgewachsener Mann, breitschultrig und mit einem brennendroten Vollbart, der ihm halb über die Brust reichte.

„Nun, Bauernvater, keine Angst! Wir wollen deine Schafe nicht fressen. Sorg für Speise und Trank, dann bleiben die Leute gemütlich."

Der Schulz maß ihn mit finsterem Blick. „Ihr kommt zu spät, gestrenger Herr. Die letzten Likendeeler sind fort seit gestern abend. Die hätten Eurem tapferen Volk vielleicht Arbeit gemacht."

Der Hauptmann lachte. „Wünsch dir das nicht, Bauer. Dann wäre im ganzen Dorf kein Haus geblieben, auf dessen Dach nicht der rote Hahn gekräht hätte. Wir wußten, daß sie fort sind. Und daß sie nicht wiederkommen, dafür werden wir sorgen."

Der Alte ließ den Kopf sinken. „Ihr wollt das Tief zudämmen?"

„Das wollen wir."

„Und unsere Fischerei? Ihr wißt, daß wir vom Bodden nicht leben können."

„Mich deucht, ihr sitzt gut genug in der Wolle. Und niemand wird euch wehren, wenn ihr Strandfischerei betreibt. Nur Schiffahrt wollen wir nicht, Alter. Kein Klipphafen soll bestehen bleiben zwischen Lübeck und Stralsund."

Der Alte wandte sich ab. Er hatte das Unglück vorausgesehen und wußte, daß der Beschluß unabänderlich war. Und wo hätte er klagen sollen? Der Herzog, eben erst aus schwedischer Gefangenschaft ausgelöst, hatte mehr zu tun, als sich um die Klage eines Bauerndorfs zu kümmern. Stumm ging er hinaus und sah zu, wie die Söldner die drei Schnicken, die aus Rostock gekommen waren, mit Steinen beluden und im Tief versenkten. Dann mußten die Bauern antreten mit Hacke und Schaufel und das Werk vollenden. Der Himmel hatte sich bezogen. Von Nordosten her trieben dicke Wolken heran. Bereits am späten Nachmittag war das Tief verschlossen. Die Söldner rüsteten sich zum Aufbruch. So ganz wohl mochte den Städten bei diesem Überfall doch nicht sein. Als der Abend kam, war das Dorf leer. Stumm und geschlagen standen die Männer an der zerstörten Rinne. Der Regen ging hernieder, der Wind frischte auf, binnen kurzem war die ganze See voller weißer Brecher.

„Vielleicht reißt der Sturm das Tief wieder auf", meinte einer endlich.

„Wieder aufreißen", hohnlachte der Alte. „Du Tor! Seit Jahren wachsen die Sandbänke vor dem Tief. Solange das Wasser freien Durchlauf hatte, haben die schweren Herbststürme es immer wieder von Zeit zu Zeit durchgewaschen. Aber nun? Nun sandet es zu. – Und wenn wir mit dem Sand fertig würden – die drei

Schnicken mit Steinen sitzen drin wie ein Keil. Es ist aus mit der Wustrower Schiffahrt!“

Er sollte recht behalten. Kaum ein Jahrzehnt später war die Rinne versandet und grasüberwachsen, und die Wustrower konnten ihr Vieh drüber hintreiben auf die Ribnitzer Wiesen. Der Wustrower Hafen war tot.

Der Chronist erzählt / wie der Mecklenburger Herzog versuchte, in Wustrow einen Hafen zu errichten

Rostock, so schien es, hatte gesiegt. Die beiden verhaßten Klipphäfen in Wustrow und Ahrenshoop sind vernichtet. Was aber nicht vernichtet war, war die Klippschiffahrt des Fischlandes. Doch in den nächsten 40 Jahren hatte die stolze Hansestadt mehr zu tun, als sich um diese Kleinigkeiten zu kümmern. Weit mehr stand auf dem Spiel. Sie hatte einen schweren Krieg zu führen gegen den Dänenkönig Erich, der den Versuch machte, die Privilegien der Hansa für die nordischen Länder zu verkürzen, um einen eigenen nationalen Handel und eine Schiffahrt unter dänischer Flagge zu entwickeln. Nur mit Mühe behaupteten die deutschen Städte ihre Stellung. In diesen Kämpfen nun tauchten Holländer zum ersten Mal in wachsender Zahl im Ostseehandel auf – denn der König versuchte, sie gegen die Hansen auszuspielen. Und plötzlich wurde die Frage der Klipphäfen wiederum und viel bedrohlicher als bisher brennend.

Die schlauen Mynhers nämlich begannen – entgegen dem Stapelrecht der Städte – Korn unmittelbar vom Erzeuger aufzukaufen und in Klipphäfen zu verschiffen, anstatt es aus Rostock, Wismar oder Lübeck zu beziehen. Sogleich begannen wieder die Klagen der Städte: In der Doberaner Wieck haben die Holländer von Herrn von Oertzen Korn gekauft und geladen. In der Gollnitz auf Poel haben Bauern ihr Korn an Holländer verhandelt, desgleichen in Boltenhagen, desgleichen in Alt-Gaarz. Ruchlos genug begannen auch Lübecker, ihr Korn unmittelbar von Bauern und Gütern zu kaufen, und der Herzog, den man anrief, war auf dem Ohre taub, ja er beanspruchte wohl gar selber das Recht auf eigenen Handel für die Bedürfnisse seines Hofes.

Der Kampf gegen die Klipphäfen mußte endlich einmal durchgefochten werden, und man begann im eigenen Hause. Im Jahre 1606 setzten es die in der Schifferkompanie vereinigten Rostocker Seeleute durch, daß alle Warnemünder Schiffer nach Rostock ziehen sollten und dort Bürger würden. Umsonst wandten sich die Warnemünder an das herzogliche Gericht, das sie zu schützen suchte. Vergeblich. Selbst bis an das Reichsgericht sind sie gegangen; es half ihnen nichts. So mußten sie den Heimatort verlassen und nach Rostock ziehen. Warnemünde wurde wieder, wie es Rostocker Willkür verlangte, ein Fischerlager. Zweihundert Jahre zuvor war Gerkinus aus Warnemünde mit eigenem Schiff bis nach England gefahren und hatte dort Handel getrieben. Im Jahre 1623 lagen in dem einst blühenden Ort 12 Stellen wüst, und in den anderen Gehöften herrschte Not und Elend. Die Stadt Rostock hat es nicht gestört. Sie hatte ihren Willen erreicht.

Gern hätten die Seestädte es mit den übrigen Klipphäfen genauso gemacht, Wismar mit der Gollnitz und Boltenhagen, Rostock mit Wustrow, dessen Schiffe jetzt durch das wieder geöffnete Ahrenshooper Tief liefen, und Ribnitz. Aber hier griff der Landesfürst ein. Der hatte beschlossen, noch einmal zu versuchen, was der Herzog vom Sund in Ahrenshoop unternommen hatte: die Errichtung fürstlicher Häfen zur Stärkung der eigenen Finanzlage und der landesherrlichen Gewalt überhaupt. Bis zum Jahre 1600 hin haben die Herzöge zweimal die Wiederherstellung des Wustrower Hafens in Angriff genommen. Noch heute sind die Überreste von Dämmen und Gräben erkennbar. Sogleich erhoben die Rostocker wiederum Klage. Aber die Herzöge verfolgten eine kluge und folgerichtige Politik. Sie nahmen die Beschwerden der Stadt auf dem Landtage nicht mehr an, sondern verwiesen sie auf den Prozeßweg. Dort aber hätten die Städte die Urkunden vorlegen müssen, die ihnen so weitgehende Rechte gaben. Aber diese besaßen sie nicht. Sie stützten ihre Forderungen nur auf ein angemaßtes Gewohnheitsrecht. Darum schützte der Herzog die Ribnitzer und stand auch den Wustrowern bei in der Ausübung der Kleinschiffahrt, konnte auch auf dem Landtag versprechen, den „wahren und rechtmäßigen" Besitzern beizutreten und sie in ihren Gerechtsamen aufrecht zu halten, denn die Seestädte waren nicht wahre und rechtmäßige Besitzer. Da versuchte die Stadt es andersherum. Als der Herzog im Jahre 1626 mit dem holländischen Wasserbaumeister Cornelius Claußen einen Vertrag über die Räumung des Wustrower Hafens abschloß, denunzierten sie ihren eigenen Landesherrn beim Kaiser: die Herzöge hätten sich in einen „absunderliken Verbund" eingelassen, wollten neue Häfen in Ribnitz, Gaarz und Klütz errichten und den Holländern „frye Hantierung" darin verstatten. Sie mußten gute Beziehungen zum kaiserlichen Gericht haben, denn prompt traf ein kaiserliches Abmahnungsschreiben ein, der Herzog solle nicht in den schwebenden Prozeß eingreifen und sich neuer Hafenbauten vorläufig enthalten. Die Städte glaubten, gesiegt zu haben. Sie wußten nicht, daß der Landesfürst eine Karte in der Hinterhand hielt, mit der er ihre Trümpfe stechen konnte. Er besaß eine Urkunde Kaiser Karls V., dem er in Dänemark gute Dienste erwiesen hatte, und in dem ihm die Erlaubnis erteilt wurde, zwei Häfen in Ribnitz und Gollnitz zu errichten. So wies er nach wie vor alle Versuche der Rostocker, den bescheidenen Handel des Fischlandes durch Beschwerden beim Landtag oder beim herzoglichen Gericht zum Erliegen zu bringen, hartnäckig ab.

KAPITEL 3

Eine Gerichtssitzung zu Ribnitz 1596

Was der herzogliche Vogt nun eigentlich von ihm wollte, das wußte der Schulze von Wustrow selber noch nicht, als er an dem trüben Herbstmorgen des Jahres 1596 mit den sieben Fischerältesten in das große Boot stieg, das ihn nach Ribnitz über den Bodden tragen sollte. Er wußte nur, er sollte mitsamt seinen sieben Graubärten Zeugnis ablegen, und schon das war ihm unbehaglich und unheimlich, denn das war eine ganz ernstliche Geschichte und war nicht abgetan, daß er etwa einfach erklärte: „Wirklich und wahrhaftig, Herr Amtmann, up'n gleunigen Stein!" Ja, wenn man nur wüßte, was der Amtmann wissen wollte, dann wäre es schon besser gegangen. Was ihm der Bote da gemeldet hatte, da war kein Kopf und kein Schwanz dran. Was die Wustrower zu tun haben sollten mit der Ladung Weizen, die der Stralsunder Valentin Ruehe vor zwei Jahren auf zwei Bojern nach Stralsund verschifft haben sollte, der Teufel sollte ihn holen, wenn er wußte, was das mit Wustrow zu tun hatte! Und im Hintergrunde seiner Überlegungen saß die Sorge, daß alles das schnöder Vorwand sei, und daß der herzogliche Vogt mitsamt dem Küchenmeister seinen lieben Wustrower Bauern irgendeine neue Abgabe aufhängen wollte. So nahm er sich denn vor, hartnäckig zu schweigen und ganz vorsichtig auf alle Fragen zu antworten, und wo solche ihm verdächtig vorkämen, seine Schwerhörigkeit vorzuschützen und sie nicht zu verstehen. Er instruierte also die Gefährten im Boot, welche mit sorgenvollen Gesichtern in ihren Sonntagsröcken dasaßen, rekapitulierte noch einmal in aller Eile, was ihm nötigenfalls – aber eben nur nötigenfalls – von den angetriebenen Brettern und dem Faß mit Talg nebst der Kiste mit Wachslichtern eventuell – und das, wenn die Sache gefährlich werden würde – zu gestehen geneigt sein dürfte, wobei es noch ein ärgerliches Hin und Her gab, indem daß Peter Nehls absolut nicht daran wollte, die Wachslichte zu gestehen. Und saß dann wiederum still und verkniffen im Boot, bis man am Ribnitzer Bollwerk festmachte und sich zögernd und mißmutig auf das Rathaus begab.

In der Ratsstube drinnen war die Verhandlung schon im Gange. An der einen Seite des mächtigen Eichentisches saß ein spindeldürres Männlein mit einem derart brandroten Schopf, daß man hätte denken können, die Funken knisterten ordentlich darinnen. Um den Hals trug er eine Krause, schier wie ein Wagenrad groß, die auf seine flache Hühnerbrust herniederhing und sich im Nacken emporsträubte, daß sein Buckel dahinter verschwand. Das war der Syndikus und Notar Olearius, der vor dem Amtmann die Gravima der freien und Seestadt Rostock vertrat, deren Privilegia und Präjudicia als einzig Berechtigte zum Negotium und Schiffahrt durch den weiland Bürger der Stadt Ribnitz Valentin Ruehe verletzt sei. Habe der Beschuldigte doch von den Herren von Kardorff, von der Lühe und von Zepelin 25 Last Korn gekauft und solches auf seine Schiffe verladen und nach Stralsund und weiterhin nach Lübeck verhandelt. Und tue solche ungewöhnliche und neuerliche Schiffahrt den Privilegien der Stadt Rostock Abbruch. Der Syndikus und Notar führte seinen Namen nicht umsonst. Seine Rede plätscherte dahin wie Öl, und von Zeit zu Zeit warf er grimmige Blicke durch eine gewaltige Hornbrille auf den Beschuldigten, der zurückgelehnt, breitschultrig und gemächlich auf einer

Bank Platz genommen hatte und jedesmal, wenn ihn der Advokat anblickte, den Daumen durch Zeige- und Mittelfinger gesteckt, eine Bewegung machte, als wolle er sich gegen den bösen Blick schützen. Dann lief jedesmal ein leises Kichern durch die Reihe der Männer in der Stube, und selbst der Amtmann Anton Joachim von Oldenburg und auch der Küchenmeister Jakob Hidde grienten ganz offensichtlich.

Die Wustrower hörten dies alles mit an und schüttelten die Köpfe, wußten auch nicht, was diese Dinge sie eigentlich angingen. Als nun der Gerichtsherr den Angeschuldigten aufforderte, sich zu äußern, erhob sich der alte Schiffer und trat mit schweren Schritten an den Tisch heran. Er stemmte die gewaltigen kurzen Arme auf den Tisch, so daß es aussah, als wollte eine alte Robbe auf eine Eisscholle klettern, und begann mit großer Zungenfertigkeit und unverfälschtem Schifferplatt seine Verteidigung. Der Herr Syndikus – so sagte er mit grober Stimme – habe alles durcheinander gebracht. Nicht von den adligen Herren, wie er behauptet habe, sondern von einem Ribnitzer Ratsmann und Bürger habe er das Korn gekauft, sei auf den pommerschen Strömen bis nach Ribnitz vor's Fischtor gekommen und habe die 25 Last auf zwei Bojer genommen und sei mit ihnen durch die pommerschen Ströme zurückgefahren, dann durch den Graben beim Darße, so dem Herzoge zu Pommern zu itziger Zeit zustehe, auf die offene See. Weil aber beim Darß eine kleine Untiefe vorhanden gewesen, so habe er, Ruehe, zwei Schuten aus Barth bestellt, die ihm hinüberhelfen sollten. Von den vorher erwähnten adligen Herren, nämlich Herrn von der Lühe, von Kardorf und Zepelin habe er vor sechs Jahren, da er noch Bürger zu Ribnitz gewesen, Korn gekauft und selbiges an einen Lübecker Kaufmann wiederum verhandelt, der damit ebenfalls durch die pommerschen Ströme in die offene

See gefahren sei, und könne von einer ungewöhnlichen und neuen Schiffahrt nicht die Rede sein, denn seit Menschengedenken hätten Ribnitzer Bürger Korn durch die pommerschen Ströme nach Stralsund und auch nach Lübeck verschifft, auch andere Waren von Stralsund zurückgebracht.

Als nun der Advokat wieder anfangen wollte, sein Ölbächlein rinnen zu lassen, unterbrach ihn der Herr von Oldenburg mit einer ärgerlichen Handbewegung und gab dem Kämmerer des Klosters das Wort.

Auch Jakob Hidde gab unverzagt Zeugnis, daß schon zu den Zeiten der seligen Frau Äbtissin diese ihr Korn und ihre Butter in Großbooten nach Lübeck geschickt habe, manchmal mittels der pommerschen Ströme, manchmal von Müritz aus.

Nach dieser Aussage machte der Amtmann eine Pause und gab bekannt, daß man darauf folgend die Argumenta des Ribnitzer Rates hören wolle. Inzwischen aber solle es Zeugen und Kläger freistehen, einen Imbiß einzunehmen.

Indes sich der Saal leerte, trat er leutselig zu dem Wustrower Schulzen und hieß ihn einen Augenblick zurückbleiben. Die anderen aber sollten gehen. Als er mit dem Alten allein war, sah er ihn einen Augenblick mit seinen hellen, blauen Augen durchdringend an.

„Ihr wundert Euch, Bauernvogt, daß ich Euch zu diesem Prozeß geladen habe, seid wohl gar besorgt, daß Serenissimus, unser allergnädigster Herzog, irgend etwas gegen die Bauernschaft intendiere. Hör' er mich an: Unser Herr Herzog will Euch wohl, ebenso wie der Stadt Ribnitz. Euch beiden soll kein Schade entstehen aus der Gier der Rostocker, die allein den ganzen Handel und alle Schiffahrt an sich reißen möchten. Sie behaupten, alle Schiffahrt auf dem Bodden und durch den Darßer Kanal sei neu und wider ihre

Privilegia. Darum begehre ich zu wissen, ob nicht seit alten Zeiten solche Schiffahrt und solch Handel hier auf dem Fischland und von Ribnitz aus geführt worden sind. Dann sind ihre Klagen hinfällig, und will der Herzog Euch bei Euren Rechten maintinieren."

Dem Alten fiel ein Stein vom Herzen. „Gestrenger Herr", sagte er, „die Schiffahrt auf dem Bodden ist seit urdenklichen Zeiten geführt worden, kann auch gar nicht anders sein. Wollet nur einmal überlegen, in allen schlechten Erntejahren bedürfen die Dörfer des Fischlandes der Kornfrucht, erhandeln solche auf der pommerschen Ecke von den adligen und bäuerlichen Gütern und führen sie auf ihren Großbooten über den Bodden. Item desgleichen, wie sollten wir unser Holz aus dem Darß in unser Dorf bringen anders, denn zu Schiffe, maßen wir doch selber keinen Wald haben und die Anfuhr aus der Ribnitzer Heide zu Wagen so gut wie unmöglich ist. Endlich auch haben wir unsere Fische zu allen Zeiten nach Ribnitz und nach Stralsund verfrachtet. Und als wir noch Hafen und Zugang zur See hatten, so die Rostocker gewaltsam zerstört haben, haben unsere Väter entlang der Küste bis nach Lübeck und Stralsund allzeit ihre Schiffe laufen lassen. Aber die Rostocker Herren können nie den Hals voll genug bekommen", fuhr er grimmig fort, „haben uns das Wenige, was wir haben, mit Gewalt entrissen, unseren armseligen Hafen, der doch für uns so notwendig war wie das liebe Brot. Erleiden selber darum jetzt großen Schaden, denn an unserer Küste stranden die meisten Schiffe. In den letzten sieben Jahren allein zwanzig, so aus Dänemark kamen, die sich alle hätten bergen können, wenn der Wustrower Hafen mit seiner Durchfahrt nicht so grausamlich zerstört gewesen wäre."

Der Amtmann legte dem Alten die Hand auf die Schulter. „Hört mich an, Bauernvogt, es ist der Wille des Herzogs, den Wustrower Hafen wieder auszubauen und den Durchfluß zur offenen See wiederum zu öffnen. Sagt's den Euren, die Verhandlungen mit dem Kloster sind bereits im Gange. Es mag sein, daß Ihr's noch erlebt, daß Ribnitzer und Wustrower Schiffe wieder in die offene See fahren dürfen."

Der alte Bauernvogt wurde blaß, und sein Herz begann zu klopfen. „Herr", sagte er, „wenn wir das noch erleben würden!" – Dann stockte er und sah einen Augenblick zu Boden. „Mit schwerem Herzen sind wir hergekommen. Wir haben gefürchtet, daß uns das Letzte genommen werden sollte, das bißchen Schiffahrt, das wir bisher unter Mühe und Sorgen noch treiben konnten. Es wird eine große Freude sein im Dorf, wenn ich den Männern verkünde, daß der Herzog uns wieder zu unserem Recht verhelfen will. Ich will gehen und meinen Männern sagen, daß sie frank und frei alles darlegen, was wir an Schiffahrt betrieben haben, ohne die wir auch gar nicht auskommen könnten."

Als der Rechtshandel wieder aufgenommen wurde, erging es dem Notar und Syndikus schlecht. Die Männer aus Ribnitz polterten mit ihren groben Stimmen los, denn auch sie hatten gemerkt, worum es ging, und der Rat mußte alle ihre Aussagen bestätigen. Und dann machten die Wustrower ihre Aussagen, und aus ihren Reden entstand ein Bild von schwerem Kampf, von Not und Unbilden, die sie von dem mächtigen Rostock erlitten hatten. Der Syndikus duckte sich ganz tief auf seine Papiere, aber er gab seine Sache nicht völlig verloren, begann immer wieder von dem Hafen von Wustrow. Da aber stand der alte Bauernvogt zornig auf, trat ganz dicht an das dürre Männlein heran und sprach mit ihm als ein Bauer.

„Was schwätzt Ihr vom Wustrower Hafen? Im Wustrower Hafen weiden Kühe und Schafe. Und Schiffe können dort nicht anders fahren, es sei denn, Ihr setztet sie auf Wagen und spanntet Pferde davor."

Da ging ein breites Lachen durch die ganze Versammlung.

Des Herzogs Entscheidung aber lautete sehr unverbindlich. Rostock solle sich nicht unterstehen, Ribnitz und Wustrow in ihren seit urdenklicher Zeit bestehenden Rechten zu kränken. Von neuer Schiffahrt sei nicht die Rede, und wolle Serenissimus seine Untertanen bei ihren Rechten bewahren und halten, aber keinerlei Übergriffe von Seiten Rostocks dulden, vor allem, da sie allso leichtfertig und oberflächlich vorgebracht und fundiert seien. – –

Als am Abend das Boot in Wustrow wieder landete, verbreiteten sich die Nachrichten von dem Entschluß des Herzogs, den Hafen wieder auszubauen, gar rasch.

Der alte Schulz hat freilich keine Wustrower und Ribnitzer Schiffe durch das Tief ihren Weg in die See nehmen sehen. Er starb hochbetagt drei Jahre vor dem Ausbruch des großen Religionskrieges. Der machte durch alle Pläne auf ein Menschenalter hin einen blutig roten Strich.

Der Chronist erzählt / noch einmal Wustrower Hafenpläne / von Schiffen und Booten

Als der Dreißigjährige Krieg zu Ende gegangen war, wies Mecklenburg ein anderes Antlitz auf: verwüstet, verarmt, zweier Drittel seiner Einwohner beraubt – Wismar in schwedischer Hand – Rostock durch die Wallensteinsche Kontribution von 350.000 Goldgulden erschöpft und durch den Warnemünder Hafenzoll, den der Schwede in der Höhe von 20 % erhob, völlig verarmt – wie sollte das Land wieder emporkommen? Aber es kam wieder empor. Je größer die Armut, um so stärker der Anreiz für den zähen Niederdeutschen, zu erwerben, zu sparen.

Und mit ihm tauchte der alte Streit zwischen Landesherrn und Rostock wieder auf: der Kampf um die Klippschiffahrt geht weiter. Schon zwei Jahrzehnte nach Friedensschluß betreibt der Herzog aufs neue die Wustrower Hafenpläne. Er fordert ein Gutachten seines Archives ein, das die Ansprüche Rostocks aktenmäsig als ungültig nachwies. Und als die Stadt aufgefordert wurde, ihre angeblichen Privilegien vorzulegen, da ergab es sich, daß sie solche nicht besaß.

Noch zweimal werden Pläne zur Ausbaggerung des Wustrower Hafens ausgearbeitet. Sie scheitern, denn plötzlich bricht Schweden, das schon die Einwilligung gegeben hatte – ihm stand ja ein Anteil am Zoll aller Ausfuhr zur See seit dem Jahre 1632 zu – die Verhandlungen ab. Was war geschehen? Wir wissen es nicht. Sollten auch dahinter Quertreibereien Rostocks stehen, das Sorgen um die emporkommende Schiffahrt aus Ribnitz und Wustrow hatte?

Denn eine solche Schiffahrt bestand. Wir haben sie seit 1395 verfolgen können. Und wenn man sie im 18. Jahrhundert übersehen hat, so beruht das eigentlich auf einem Übersetzungsfehler. Berichtet wird, daß die Fischländer Korn und andere Güter auf Booten verschifft haben. Diese Boote hat man nun fälschlicherweise gleichgesetzt mit Fischerbooten. Hier liegt aber offensichtlich ein Irrtum vor, und um ihn zu erklären, müssen wir etwas weiter ausholen. Der Laie ist immer geneigt, sich die Handelsflotte des Mittelalters als aus Koggen und Hulken bestehend vorzustellen, wobei er die Größe der Kogge bedeutend überschätzt. Im 14. Jahrhundert wird uns ausdrücklich berichtet, daß die Normalgröße der Kogge 30 Last beträgt und höchstens bis 50 Last steigt. Im 15. Jahrhundert werden die Schiffe größer, in der westlichen Ostsee 100 Last, nur im Osten, im Danziger Raum, wo die Häfen tiefer sind, hören wir von Koggen, die mehrere 100 Last Tragfähigkeit haben. Nun besteht aber die mittelalterliche Flotte so wenig nur aus Koggen, wie die heutige Flotte ausschließlich aus Riesendampfern, wie der „Bremen" oder dem „Imperator" besteht. Zwei Drittel der hanseschen Flotte vielmehr bestehen aus Fahrzeugen kleinerer Größe, die den Warentransport entlang der Küste, aber auch über See übernehmen. Wir haben für diese Schiffe gut eineinhalb Dutzend verschiedene niederdeutsche Ausdrücke: Schuten, Snicken, Krayer, Ever, Bojer und endlich Boot. Die genaueren Unterschiede der verschiedenen Typen sind uns so gut wie unbekannt. Auf Bojern – so hören wir im Ribnitzer Prozeß – wird Getreide bis nach Lübeck verfrachtet. Beim Verbot der Warnemünder Schiffahrt werden Boote bis zu 30 Last freigegeben. Was uns also von Wustrower Schiffahrt mit Booten berichtet wird, bezieht sich nicht auf Fischerboote. Wir könnten sie vielleicht Ever nennen, um einen Schiffstyp anzudeuten, der uns einigermaßen geläufig ist. Holsteinische Ever aber führen im vergangenen Jahrhundert nicht nur nach Holland und Dänemark, sondern sogar hinüber über die Nordsee nach England.

Die Angaben des Wustrower Kirchenbuches zeigen uns nun deutlich, daß es sich um Schiffahrt mit solchen schweren und gedeckten Fahrzeugen, wie sie auch die Ever darstellen, handelt. 1663 hat Tönnies Voß Heringe nach Warnemünde gebracht, wobei er gekentert und ertrunken ist. Hier könnte es sich natürlich auch um ein größeres Fischerboot gehandelt haben. Wenn wir aber davon hören, daß 1666 Christian Bradhering Kalk aus Lübeck für die Kirche in Wustrow holt, dabei in der Höhe von Wismar kentert, sich aber in seinem Beiboot retten kann, so liegt die Sachlage hier vollkommen eindeutig. Niemand wird annehmen, daß man ungelöschten Kalk in einem Fischerboot von Lübeck nach Wustrow transportiert, und ein Fahrzeug, das ein Beiboot an Bord hat, ist sicherlich kein Fischerboot. 1685 verfrachten Wustrower Korn nach Lübeck und werden dabei von den Rostockern vor Warnemünde angehalten und aufgebracht. 1703 geschieht das Gleiche mit einem mit Gerste beladenen „Boot".

Ungefähr zu derselben Zeit haben wir ein Zeugnis, daß sich die Schiffer als Stand von den übrigen abheben. Damals wurden von den Schiffern zwei Fenster in der alten Kirche von Wustrow gestiftet mit Abbildungen von Segelschiffen. Und bald darauf, im Jahre 1751, stiften sie wiederum geschlossen zwei Kelche für die Kirche. Zur selben Zeit taucht die Bezeichnung „Schiffer" in der Patenliste des Kirchenbuches auf. Es sind die Namen der alten Schifferfamilien, denen wir von da an immer begegnen.

Zu Anfang des 19. Jahrhunderts hat man auch von dieser ältesten Küstenschiffahrt der Fischländer gewußt. So ist uns auch der Name der Fahrzeuge erhalten. Man nennt sie Jachten. Sie haben natürlich kaum etwas gemein mit unseren modernen Segeljachten. Es handelt sich vielmehr um einen Schiffstyp, der von Holland über Dänemark in die Ostsee eingeführt ist: schwer gebaute, gedeckte Boote, breit, mit einem Spiegel am Heck, die entlang der Kiste ihre Schiffahrt treiben, auch ab und an mit Holz nach Dänemark gehen. In Rostock führen sie den Namen Schaluppen, und es ist ein besonderer Glücksfall, daß einzelne dieser Fahrzeuge sich bis in den Anfang des

19. Jahrhunderts erhalten haben, so daß wir Bilder von ihnen besitzen, die uns deutlich ihren Charakter als Lastschiffe zeigen. Später mit dem Aufkommen der Galjassen verschwinden sie von der See und werden auf die Binnengewässer verdrängt. So hat man sie als Seeschiffe geradezu vergessen.

KAPITEL 4
Die alten Wustrower Jachtenschiffer

Der Herbst des Jahres 1751 war milde und, wie so häufig an der Küste, sonnig und warm. Noch hing das rote Laub überall an den wenigen Bäumen, die sich in den Niederungen des Fischlandes duckten. Die Fischer getrauten sich noch ab und an hinaus auf die See, doch die Schiffer hatten ihre Fahrzeuge schon in Winterquartier nach Stralsund gebracht und kamen nach Hause. Man konnte es ihnen nicht verdenken. Seit Ostern waren sie fast ununterbrochen auf Fahrt. Kein Wunder, daß sie jetzt ein wenig Familienleben genießen wollten. Zudem konnte man nie sicher sein, daß nicht die Äquinoktialstürme plötzlich mit einem gewaltigen Ruck einsetzten, und das war eine schlimme Sache für die kleinen Fahrzeuge dort draußen auf See. Die Kinder zogen mit Laternen durchs Dorf, die Alten rauchten ihre Tabakspfeifen und schauten ihnen zu.

Der alte Schiffer Jan Dade ging auch nachdenklich, große Dampfwolken ausstoßend, vor der Tür seines Häuschens auf und ab. Er hatte seinen Feiertagsrock an und sah ab und an auf seine große tombackne Taschenuhr, obgleich der Turm mit seinem Zifferblatt ihm gerade vor der Nase lag. Diese Uhr war sein Stolz. Er hatte sie sich aus Kopenhagen auf seiner letzten Fahrt mitgebracht, ebenso wie die schwere, silberne Kette. Jetzt klappte er den Deckel zu und steckte sie gelassen wieder ein. „Wer's lang hat, läßt's lang hängen", dachte er vergnüglich, denn diese letzte Fahrt hatte sich überhaupt gelohnt. Er horchte nach der Küche hin, wo seine Frau gewaltig mit Schüsseln und Töpfen regierte. Und als er nun sah, wie Jochen Staven und Peter Voß langsam die Dorfstraße entlangschlenderten, ging er in sein Haus und zündete in seiner Stube die Wachslichter auf den zinneren Leuchtern an. Die beiden Nachbar traten ein, wurden mit einem kurzen „Woll to seihn" begrüßt und nahmen um den blankgescheuerten Tisch Platz, auf dem ein zinnerner Teller mit Rauchtabak stand. Noch ein paarmal ging die Tür, und andere traten hinzu, alles Männer aus der Verwandtschaft, und sammelten sich um den Tisch. Endlich erhob sich der Schiffer: „Denn an's Geschäft." Er stellte seinen hohen Hut auf den Tisch, schloß die Klappe seines Pultes auf und nahm aus ihm einen mächtigen Geldsack hervor, den er lässig auf den Tisch setzte, daß die Taler rasselten und über die Gesichter der anwesenden Männer ein behagliches Schmunzeln ging.

„Ja", sagte er, also dies ist die Kasse. Darin habe ich alles gesteckt, was ich an Fracht eingenommen habe, und alle Unkosten sind daraus bezahlt, Hafengelder, Lotsengebühren, Teer, Ölfarbe, Reparaturen an Tauwerk und Blöcken. Und dies ist übrig geblieben. Und das wollen wir nun verteilen." Er runzelte die Stirn, denn das war eine schwierige Sache. So tüchtige Seeleute die alten Jachtschiffer waren, schreiben und rechnen war eine schwere Kunst, die sie nur unvollkommen beherrschten. „Also – Peter Voß – du hast ein Achtel im Schiff, und du, Hinrich, hast auch ein Achtel. Hier habt ihr jeder zehn Taler Kurant." Damit wanderte ein Stapel blanker Taler über den Tisch und wurde schmunzelnd in Empfang genommen. – „Du, Tönnies, hast ein Viertel und bekommst zwei Stapel. Wir beide, Klaus, haben auch je ein Viertel", und damit wanderten vier Stapel über den Tisch. Er kratzte sich hinter den Ohren. „Ja, und nun noch mal so'n Törn." Und dasselbe Spiel wiederholte sich so lange, bis alles Geld verteilt war.

Nachdem diese schwierige Prozedur beendet war und jeder sein Geld wohlverstaut hatte, sagte der alte Voß: „Das hat gut gescheffelt, Jan. Du hast dein Kapplaken redlich verdient." Damit langte er in seinen Geldbeutel und warf ein paar Taler in den hohen Hut. Die anderen nickten und folgten seinem Beispiel. Und Jan schmunzelte, als er den Hut umkehrte und den Inhalt in seinen Beutel fegte.

Jetzt entstand ein Geräusch hinter der Tür. Die Frau des Schiffers kam mit dampfender Bowle und Butterbrot, und die Frauen der anderen Partner mit ihren Kindern folgten. Und nun gab es ein fröhliches Schmausen. Es gehörten ja alle Anwesenden zur Familie. Die Frauen hatten es gar hild. Die Haubenbänder flatterten, sie steckten die Köpfe tief zusammen und flüsterten mitunter, wenn die jungen Mädchen dem Kreis der Verheirateten zu nahe kamen. Die hatten sich derweilen mit den jungen Burschen in eine Ecke gedrängt, aus der ab und an ein fröhliches Gelächter emporklang. Auch die Mannsleute saßen für sich, wie es Dorfsitte ist, und auch sie hatten offensichtlich eine sehr ernstliche Unterredung. Auf ein paar Zögernde wurde beharrlich eingeredet, bis auch sie einzuwilligen schienen. „Also, denn Sonntag, Jan", sagte der alte Voß, „ich hab mit den anderen schon gesprochen. Wir gehen alle zusammen zum Pastor".

Eine Stille entstand, in die deutlich die scharf geflüsterten Worte der Schiffersfrau hineinfielen: „Und zwei Sechzehntel reeden wir!" Die Tochter, die neben Kapitän Voßens Jüngstem saß, wurde plötzlich rot, und ihre Augen glänzten. Was hat das zu tun mit dem Reedereigeschäft der Mutter?

Langsam sind die Kerzen heruntergebrannt, und die Gäste empfehlen sich. Jans beide Mädchen decken ab und waschen in der Küche sorgfältig das Old-China-Geschirr, das Vater im vorigen Jahre aus Kopenhagen mitgebracht hat. Der Schiffer raucht noch eine letzte Pfeife, und seine Frau sitzt im Lehnstuhl und plaudert. „Es hat ihnen gut geschmeckt, Jan. Hast du wohl gesehen, wie Jochen Staven zugegriffen hat?"

Der Schiffer nickt bedächtig. „Und der Punsch war gut, Meta, sehr gut." –

»Ja, Jan, und was ich sagen wollte: Ich habe mit Lisbeth Jörß gesprochen, und sie meint auch, – – –"

Der Schiffer nimmt die Pfeife aus dem Mund und sieht seine Frau an. In den Augenwinkeln lauert ein leises Lächeln. „Das Kuppeln könnt ihr Frauensleute doch nicht lassen! Aber mir ist es recht. Jörß hat gutverdient, und sein Bengel ist alt genug, um eine Jacht zu führen. Und wieviel sollen wir reeden?"

„Ein Achtel, Jan. Das können wir doch, nicht wahr?"

Der Schiffer steckt die Hand in den Halsausschnitt seiner Weste. „Gut und gern, Meta, gut und gern. Und Jörß ist mir recht. Und der Junge ist tüchtig. Und es ist immer gut, wenn Geld bei Geld bleibt."

Frau Meta nickte und lächelte leise vor sich hin. Es mochten auch wohl noch andere Gedanken sein, die sie bei sich hegte. Aber dann sah sie auf. „Ihr hattet es ja auch mächtig hild! – Will Voß seinem Jungen nun die Jacht bauen lassen?"

Ihr Mann warf sich in die Brust. „Nein, Meta, es ist nicht an dem. Wir haben beschlossen, für die Kirche vier Leuchter zu stiften, alle Schiffer hier in Wustrow. Die letzten Jahre waren gut – Gott sei Dank! Und wir wollen nicht zurückstehen hinter unseren Voreltern, die damals die Kirchenfenster gestiftet haben. Einige von uns meinten ja, wir sollten noch etwas warten. Aber mich deucht, man muß sich auch Ehr und Reputation etwas kosten lassen."

Der Chronist erzählt / was es mit der ersten Galjaß auf sich hatte

In der mündlichen Überlieferung des Fischlandes läßt man die Segelschiffahrt beginnen mit dem Bau der ersten Galjaß, von der ausdrücklich gesagt wird, daß sie in Wustrow selbst erbaut wurde. Vorher seien die Wustrower nur Fischer gewesen. Wir haben gesehen, daß diese letztere Überlieferung jedenfalls nicht zutreffend ist. Im Kirchenbuch erscheinen die Bezeichnungen Schiffer bereits zu Beginn des 18. Jahrhunderts. Die Kirchenfenster sowie die Leuchter bezeugen das Vorhandensein einer älteren Küstenschiffahrt, von der wir auch sonst gelegentlich durch einen Zufall hören. Und doch muß der Bau der ersten Galjaß einen wichtigen Einschnitt in der Entwicklung bilden, sonst hätte sich die mündliche Überlieferung nicht so lange gehalten, und ein Aufsatz im „Freimütigen Abendblatt" vom Jahre 1833 nennt uns sogar die Namen der Unternehmer. Was war denn das Besondere an diesem Schiff? Zunächst: Es widerlegt die Behauptung, daß die Schiffahrt erst mit ihm angefangen habe. Fischer, die bisher nur ihr Boot geführt haben, sind sicherlich nicht in der Lage, ein seegängiges Fahrzeug in der Takelung einer Galjaß zu steuern. Sie müssen erst ihre Erfahrungen gesammelt haben auf Booten, die, obgleich seegängig, doch dem Typus des Fischerbootes verwandt sind. Das sind, wie wir bereits auseinandergesetzt haben, die Jachten. Die Galjaß aber führt am Hauptmast ein Raasegel und stellt somit die Brücke dar zu den größeren, regulär getakelten Hochseeschiffen. Für die alten Jachtenschiffer war es unzweifelhaft ein Risiko, ein solches Schiff zu übernehmen, das eine größere Mannschaft erforderte, die überdies mit der Bedienung von Raasegelschiffen vertraut sein mußte. Im Augenblick aber, wo dies Unternehmen gelang, beginnt in der Tat ein neuer Abschnitt in der Fischländer Schiffahrt. Erst jetzt kam man von der Küste frei, konnte größere Fahrten übernehmen und bedeutend mehr Frachten transportieren. Das ist das eine. Vielleicht aber noch wichtiger war der Umstand, daß erst jetzt die Mannschaft zu Seeleuten im eigentlichen Sinne ausgebildet wurde. Das gleiche galt für Schiffer. Der Preisunterschied zwischen einer großen Jacht und einer kleinen Galjaß war nicht so erheblich, daß das Beispiel nicht rasch Nachahmung gefunden hätte, sobald man erst mit der Schiffsführung des neuen Typs vertraut geworden wäre. So hat die Überlieferung doch nicht ganz unrecht, wenn sie die eigentliche Fischländer SeeSchiffahrt mit dieser ersten Galjaß beginnen läßt. Darüber aber sollte man nicht vergessen, welche wichtige Schule die Küstenschiffahrt auf den Jachten für das Aufkommen der längeren Reisen in der Ostsee und Nordsee gewesen ist. Die mündliche Überlieferung besagt ausdrücklich, daß diese Galjaß die einzige gewesen sei, die auf der alten Wustrower Bootswerft erbaut wurde. Auch diese Angabe wird stimmen, wenigstens hat sich bislang kein Segelschiff feststellen lassen, das nicht auf einer der Werften Rostocks, in Damgarten und später in Ribnitz erbaut wurde.

KAPITEL 5
Das glückhafte Schiff

Der alte Bootsbauer und Schiffszimmermann Hinzmann lehnte sich ganz erschrocken in seinen Stuhl zurück. „Nee, o nee", sagte er und sah die beiden Schiffer, die ihm gegenübersaßen, nachdenklich an. „Eine Galjaß? Habt ihr euch das auch richtig überlegt? Was wollt ihr mit einer Galjaß? Ihr seid mit euren Jachten immer gut ausgekommen."

Aber Ewald Dade lachte nur. „Vorwärts wollen wir, Hinzmann, vorwärts! Was meinst du, was das scheffelt! Achtzig Last! Und denn ein richtig seegängiges Fahrzeug, mit dem du auch einmal einen Sturm abwettern kannst, und dich nicht jedesmal im Hafen bergen mußt."

„Und denn" – – –, sagte Niemann und klopfte mit dem Knöchel auf den Tisch – „Mensch, überleg' einmal, mit einer Galjaß kannst du fahren, so weit wie du willst, nicht bloß mal nach dem Hannemann rüber, sogar nach Petersburg, nach England und Holland!"

Der Alte schüttelte den Kopf. „Wollt ihr von Stralsund aus fahren?"

„Nee – von Rostock. Sie geben uns ja jetzt Hafenrecht, seitdem sich der Herzog für uns aufgeschmissen hat."

Hinzmann überlegte lange. „Ich hab' mein Tag nur Jachten gebaut, solange ich meine Werft in Wustrow habe. Freilich früher, als ich bei Ramm gearbeitet habe, hm, hm. – Warum laßt ihr nicht in Rostock bauen?"

Dade legte sich über den Tisch. „Weil wir dich kennen, Hinzmann, und wissen, daß du saub're Arbeit machst. Und die Rostocker Bootswerften kennen wir nicht." –

Der Alte schien geschmeichelt. „Ja, ich habe mehr als eine Galjaß gebaut, auch 'ne Brigg. Hm – achtzig Last – ja, wenn ihr meint. Es ginge schon. Es läuft natürlich mehr ins Geld als 'ne Jacht. Aber schließlich warum nicht?"

„Na siehst du, Mensch", rief Niemann, „es ist die erste Galjaß, die vom Fischland fährt. Und die soll auch hier gebaut werden."

Der alte Hinzmann stand auf und trat an sein Pult. „Ich hab noch einen Riß. Wir können uns ja mal ansehen, wie sich das läßt."

Er nahm eine vergilbte Rolle hervor und breitete sie über dem Tisch aus. Auf die eine Seite stellte er den Tabakskasten, auf die andere einen Leuchter. Und drei Köpfe beugten sich gespannt über den Riß.

„Seht ihr, das ist sie. Die Back könnte man noch etwas höher nehmen und den Sprung etwas stärker. Achtzig Last – ja – ich muß einmal durchrechnen, wie lang und wie breit sie wird."

„Hast du Holz genug?" fragte Dade.

Der Alte nickte. „Hab' ich. Gutes, trock'nes Eichenholz. – Und gleich zwei Schiffer an Bord?" fragte er dann ein wenig spöttisch.

„Nee", sagte Ewald Niemann, „ich reede nur mit. Dade soll sie führen. Die ganze Mannschaft setzt sich aus unserer Verwandtschaft zusammen."

„Ist recht“, sagte der alte Bootsbauer. „Wenn ihr meint, will ich es riskieren. Durch den Saaler Bodden kriegen wir sie sacht, wenn wir Hochwasser abwarten.

Ballast kann sie natürlich erst in Stralsund nehmen.“

„Und der Preis?“

„Ja, auf den Kopf kann ich es nicht genau sagen heute. Aber ich taxiere, so achttausend Taler wird sie seeklar kosten.“

„Ist recht“, sagten die beiden wie aus einem Munde. „Und denn spute dich, daß wir im nächsten Frühjahr die erste Reise machen können.“

Als Hinzmann allein im Zimmer zurückgeblieben war, stieg ein Gefühl des Stolzes in ihm auf. Was, zum Henker! In seiner langjährigen Lehrzeit hatte er manches Seeschiff gebaut, und er hatte nichts vergessen – o nein! Zugelernt hatte er. Schließlich – ein Fischerboot zu bauen, so klein es war, das doch der See und ihren Stürmen trotzen mußte, oder eine Jacht, die nicht viel mehr war als ein großes und gedecktes Fischerboot – in solcher Arbeit lag vielleicht mehr Kunst, als ein großes Schiff zu bauen. Auf die Kunst kam es an. Freilich – die ganzen Mallen und Schablonen würde er selbst zuschneiden müssen.

Er warf einen Blick auf den Riß und machte einen Überschlag, was er brauchte. Ein bißchen stärker und deftiger würde er aber doch bauen, als der Riß angab. Sicher ist sicher, dachte er.

Als der Kiel auf den Helligen gestreckt wurde, die Steven eingefügt, gab es ein großes Verwundern im Dorf. Bis dahin hatten die beiden alten Seebären Schweigen bewahrt. Dann waren sie eines Tages so ganz beiläufig damit herausgekommen – jawohl, sie bauten eine Galjaß!

Donnerwetter, eine Galjaß! Das war doch mal etwas! Hinzmann bekam viel Besuch, oft mehr, als ihm lieb war. Es gab Schiffer genug, die das Kapital gehabt hätten, auch ein seegängiges Fahrzeug sich bauen zu lassen. Nur – es war ein verdammtes Risiko! Aber mehr als einer von den alten und vor allem von den jüngeren Schiffern ging in Gedanken versunken, die Hände in den Taschen vergraben, an der Bootswerft vorbei. Eine Galjaß – das war doch ganz etwas anderes. Jungedi – damit stand einem die ganze Welt offen, was man damals so in Wustrow die Welt nannte! Bloß – man müßte sie steuern können! Aber das hatte keine Not. Mehr als ein Wustrower hatte damals auf Rostocker oder auch auf Stralsunder größeren Schiffen gefahren. Und Ewald Dade? Niemand konnte leugnen, daß er ein Ausbund von einem Schiffer war. Und jetzt begriffen auf einmal die Leute, warum eine ganze Anzahl von den Familienangehörigen der Dade, Voß und Bradhering in den letzten Jahren auf Rostocker Schiffen gefahren waren. Denn auch das sprach sich herum, daß der Schiffer seine Mannschaft schon jetzt beisammen hatte. – Nun – wenn das Unternehmen gelang, dann wäre es vielleicht gar nicht so dumm, wenn man es nachmachte.

Ewald Dade tat, als ob er auf das ganze Gerede nicht hinhörte. Aber er hörte es doch. Und auch in ihm stieg ein Stolz auf, der mitunter von einer leisen Sorge unterfuttert war. Es war doch ein großes Risiko! – –

Im Frühjahr des nächsten Jahres wiegte sich die neue Galjaß auf den Wellen des Boddens. Der Stapellauf war gebührend gefeiert worden, von den Zimmerleuten so gut wie von der Schiffsmannschaft und den Reedern. Und als es nun noch etwas rank, weil ohne Ballast, vorsichtig die Fahrt nach Stralsund antrat, da hingen viele Augen an dem davonziehenden Fahrzeug.

Dem Mutigen hilft das Glück! Es war ein ausnehmend gutes Schifferjahr, in dem das Fahrzeug seine Jungfernreise antrat. In Rostock nahm es Ballast ein, und dann ging es kühn hinaus auf die freie See, durch den Sund bis nach England. Ewald Dade vergaß nie, daß er auf dem neuen Fahrzeug doch schließlich ein Anfänger war. Niemals hat ein Schiffer bei Tag und bei Nacht so Obacht gegeben wie er. Aber vielleicht hat auch niemals ein Kapitän eine Mannschaft gehabt wie diese. Es waren alles Verwandte. Und bis auf den Schiffsjungen hatte jeder seinen Anteil an dem Schiff, das sie fuhren. Sie hielten zusammen wie die Kletten und paßten einer auf den anderen auf. Und bei aller Vertraulichkeit war um den Schiffer doch immer so etwas wie ein leerer Raum. Er hatte das Kommando, aber er hatte auch die Verantwortung. Und die war doppelt schwer, hier, wo er etwas ganz Neues und bis dahin Unerhörtes gewagt hatte. – Auch auf den weiteren Fahrten blieb ihm das Glück hold, auf jener Fahrt nach Amsterdam wie auf der nach Petersburg. Es blieb ihm so treu, daß sich die mündliche Überlieferung an dieses Schiff und diesen Kapitän bis in unsere Tage gehalten hat. Und da wir den Namen, den es trug, nicht kennen, so mag man es wohl „das glückhafte Schiff“ nennen, wenn man bedenkt, daß nunmehr, von ihm angespornt, die erste Fischländer Flotte entstand, die den Namen mit Recht trägt. Eine Flotte seegängiger Schiffe unter Mecklenburger Flagge, mit dem Heimathafen Rostock, aber bemannt von Fischländern, und mehr als das:

Fischländer Eigentum! Vielleicht hängt mit diesem Erfolg auch zusammen, daß die Bootswerft in Wustrow nicht lange danach eingegangen ist. Jachten wurden kaum noch gebaut. Für die Fischerboote allein lohnte sich eine eigene Werft kaum, und seegängige Fahrzeuge übernahmen nun in steigendem Maße die Werften in Rostock und Damgarten.

KAPITEL 6
Wie Cyrus die Fischländer die Navigation lehrte

An dem Tage, wo Ewald Dade's Galjaß vom Stapel lief, saß der Pastor zu Wustrow, Lütcke, auf der Veranda seines Hauses zusammen mit seinem Freund Drenkhahn, mit dem er einst als fröhlicher Bursch in Göttingen studiert hatte. Der war inzwischen Magister am Katharineum in Lübeck geworden und hatte das älteste Kind seiner Tochter, die in Barth wohnte, getauft. So hatte er die Gelegenheit benutzt, seinen alten Leibburschen in Wustrow zu besuchen. Zwischen ihnen stand auf dem Tisch eine Flasche Rotwein, und die langen Pfeifen dampften. Jenseits der Hecke des Gartens, der bis an den Boddenrand sich erstreckte, ging ein hochgewachsener, magerer Mann vorüber, offenbar auf dem Weg zur Werft, von der noch die Stimmen der Feiernden herüberschallten. Er grüßte gemessen, und Pastor Lütcke winkte ihm freundlich zu. „Lupus in fabula", sagte er, „das ist der neue Schulmeister."

„Der Cyrus, von dem du mir erzählt hast?"

„Eben derselbe."

„Nun, wie macht sich der Mann?"

„Gut, sehr gut. Das ist der richtige Mann für unser Schifferdorf."

„Weil er Steuermann war?"

„Eben deshalb."

„Was hat das mit seiner Schulmeisterei zu tun?"

„Viel, mein Freund, sehr viel. – Ich hab' dir schon erzählt; die Schule in Altenhagen war eine rechte Sorge für mich, seitdem der alte David Pruchnow starb. Sein Nachfolger, der Vater des jungen Cyrus, war viel krank, und so begann alles wieder drüber und drunter zu gehen. Da habe ich es beim hohen Konsistorium durchgesetzt, daß sein Sohn ihm als Adjunkt bestätigt ist."

Der Freund lachte kurz auf. „Ein Steuermann als Schulmeister?"

„Die Schule ist jetzt mustergültig. Die Kinder schreiben und rechnen, daß es eine Freude ist. Sie wissen ihre Sprüche und kennen ihr Gesangbuch. Was aber das Wunderlichste ist: Cyrus bringt den Begabten unter ihnen sogar die Anfangsgründe der Navigation und Nautik bei."

Magister Drenkhahn nahm einen tiefen Schluck aus seinem Glase und sah seinem Leibburschen lächelnd in die Augen. „Lieber Lütcke, du warst immer ein Idealist. Ich selber unterrichte am Katharineum die oberen Klassen ein wenig in der Triangulation und in Mathematicis, und ich sage dir: kaum der Hälfte von ihnen bringe ich das Nötige bei. Und gar in der Sternkunde – denn das gehört doch zur Nautik hinzu –, das nehme ich dir nicht ab! Der Mann wird dir allerhand blauen Dunst vorgemacht haben. Du bist ja schließlich auch kein Mathematicus. Da kann er dir viel vorerzählen."

Pastor Lütcke lächelte leise vor sich hin. „Du magst dich selbst überzeugen. Heute abend feiert das ganze Dorf. Aber morgen vormittag wollen wir Cyrus in der Geographie einmal anhören. Und morgen abend, wo er den jungen Steuerleuten privatim Unterricht gibt, wollen wir dabei sein."

Der Freund nickte lächelnd. „Mir soll er kein X für ein U machen. Wie will er überhaupt ohne Instrumente eine so schwierige Materie behandeln?"

Als der Herr Magister am nächsten Mittag aus dem kleinen Schulkaten zu Altenhagen heraustrat, machte er ein sehr langes Gesicht. Er konnte nicht leugnen: die Kinder rechneten ausgezeichnet. Und was die Geographie anbetraf, so spürte er mit leisem Neid, daß es doch etwas anderes sei, ob man die Gegenden, die man schildern sollte, selber mit Augen gesehen oder nur auf der Karte gereist war. Überhaupt die Karten! – Er schüttelte den Kopf. Was mochte das prachtvolle Kartenwerk holländischer Herkunft gekostet haben, das der Schulmeister den Kindern vorlegte? Es war überhaupt eine ganz merkwürdige Geographiestunde gewesen. Zwei Jungen hatten einen schweren Tannentisch in die Schulstube getragen. Dann hatte der Schulmeister eine Seekarte ausgebreitet, in der neben den Breiten- und Längengraden die üblichen Kurse nach den fremden Ländern eingetragen waren. Sodann hatte er einen Bootskompaß auf den Tisch gestellt. Die Kinder standen dicht um ihn herum. Und dann war es losgegangen. „Wir wollen nach England fahren. – Wir laufen von Rostock aus. – Christian Bradhering welchen Kurs mußt du steuern?" – Der blonde untersetzte Schifferjunge war ganz rot geworden. „Irst mütt ik na Warnemünn. – Dortau bruk ik Backstagswind." – „Richtig", sagte Cyrus. „Und wenn du nicht aufpaßt, sitzt du schon im Breitling fest." – „Das wäre nicht an dem, denn da sind Bojen." – Und ein dritter fiel ungefragt ein: „Un Ballast nehm ik irst in Warnemünn in." – Pastor Lütcke machte ein ganz unglückliches Gesicht, weil der ganze Unterricht in Plattdeutsch vor sich ging. – Aber jetzt griff der Schulmeister ein. „Richtig", sagte er, „aber ihr könnt ja wohl auch hochdeutsch reden. – Claas Frettwurst, du sollst jetzt steuern." – Der Junge setzte den Bootskompaß auf die Karte und peilte den Kurs richtig an. Und dann begann Cyrus zu fragen. „Was siehst du jetzt steuerbord? Und jetzt backbord?" Und immer kamen die Antworten richtig zu Platz. – Durch den Sund war man glücklich hindurchgesteuert. Jetzt setzte die Kurslinie im stumpfen Winkel ab. „Woher weißt du, von welcher Stelle ab du den Kurs umlegen mußt?" – „Ich habe geloggt." – Nun mußte der Junge die Entfernungen nach den Seemeilen absetzen und zeigen, daß er richtig den Augenblick abgepaßt hatte, wo er auf Westkurs ging. „Wenn du das Logg nun aber nicht hast gebrauchen können? Vielleicht, weil du Sturm hattest? Was dann?" – Langes Nachdenken. „Denn is Schiet!" kam eine Stimme aus dem Hintergrunde. „Denn muß ich peilen", schoß Claas Bradhering heraus. Und dann mußte der Junge zeigen, wie er zwei Landmarken in Deckung brachte. – So ging es weiter, bis man im Hafen eingelaufen war. – Und nun ging Cyrus im Geist mit den Jungen durch die Stadt. Sie sahen die steile Kreideküste, das Leben im Hafen. Aber dann lichtete das Schiff die Anker und fuhr weiter. –

Während des ganzen Unterrichts waren keine Ungezogenheiten vorgekommen. Und von Anfang bis zu Ende waren die Kinder interessiert und eifrig bei der Sache. „Das kann mir wohl gefallen", sagte der Magister, als er sich verabschiedete. „Ich habe mancherlei gelernt. Dann möchte ich auch heute abend hören, wie Ihr euren Steuerleuten die Navigation beibringt."

Cyrus lächelte. „Wir werden gutes Wetter und klare Sicht behalten heute abend. Da werden wir am Strand die Sterne schießen. Um 9 fangen wir an."

Die beiden Herren verabschiedeten sich vom Althäger Schulmeister und traten den Heimweg an.

„Du hör, da hast du den richtigen Mann gefunden. Ich möchte nur wissen, warum er nicht bei der Seefahrt geblieben ist."

„Das kann ich dir sagen. Es ist der große Kummer seines Lebens. Aber er ist nicht seefest. Er spricht nie darüber und hat es mir nur erzählt, als er sich um die Stelle bewarb. Die Astronomie und Mathematik sind seine Leidenschaft. Die Leute erzählen, daß er stundenlang des Nachts die Sterne beobachtet, und die Mondfinsternis im vergangenen Jahr soll er vorausberechnet haben."

Der Magister der Mathematik schüttelte verwundert den Kopf. „Und der sitzt hier in dem entlegenen Dorf?"

„Ich will nur wünschen, daß wir ihn behalten. Du müßtest nur einmal die Instrumente sehen, die er sich selbst gearbeitet hat. Ein Astrolabium aus Holz und Draht. Sogar sein Fernrohr hat er selber gebaut. Nur die Linsen hat er sich aus England mitgebracht."

Wieder schüttelte der andere Kopf. „Die Dame Urania hat mancherlei wunderliche Liebhaber." Und dann scherzend: „Baut er auch ein perpetuum mobile?"

„Das nicht, aber eine Sonnenuhr hat er im Schulgarten aufgestellt mit – ich weiß nicht wieviel – Zifferblättern. Sie soll auf die Minute genau gehen."

„Seltsam, ganz seltsam."

Der Abend an der Wustrower Düne ist dem Magister Drenkhahn noch lange im Gedächtnis geblieben. Da saßen die jungen Leute, knapp ein Dutzend, um ihren Lehrer herum. Und unter seinen Worten entstand in ihren Köpfen das Bild des kreisenden Sternhimmels mit einer wunderbaren Plastik. In dem aufgestellten Fernrohr sahen sie, wie die Sterne durch das Fadenkreuz wanderten. Sie beobachteten den Polarstern, der allein stillstand.

Magister Drenkhahn glaubte zu fühlen, wie in den jungen Köpfen geisterhaft das Bild der Weltachse sich einprägte, um die sich das ganze Gewölbe drehte. Nach Süden stieg der Äquator empor, der unter ihren Füßen sich fortsetzte. Die Sternhöhen wurden gemessen mit dem Oktanten, den der Schulmeister mitgebracht hatte und dessen Arbeiten zum großen Erstaunen des Magisters die jungen Menschen gut begriffen hatten. Er machte ihnen klar, daß in dem Winkel des Polarsterns die geographische Breite gegeben war, und ging dann dazu über, die Bewegungen der Sonne, die die Schüler in den vorangegangenen Wochen in ihrer wechselnden Höhe am Schattenmesser selber hatten beobachten können, auf das Himmelsgewölbe zu übertragen. Er zeigte ihnen, wie sie, vom Frühjahr beginnend, ihre Kreise über den Horizont immer weiter nach Norden verschiebt, wie sie am Tag der Tag- und Nachtgleiche genau im Aequator steht und sich am Mitsommertage 23 ° 23 Minuten über den Himmelsäquator erhoben hat. Er prägte ihnen ein, daß der Stand der Sonne am Mittag nach Ortszeit für jeden Tag des Jahres festliegt und jeweils nach dem Datum unveränderlich ist, so daß, wenn man ihre Höhe gemessen hat und je nach dem Tag des Jahres die Grade, die sie über oder unter dem Himmelsäquator steht, hinzufügt oder abzählt, man damit die Breite des Ortes, wo man sich befindet, ermitteln kann. – Erst wenn die Schüler die Bewegungen am Himmel genau verstanden hatten, ging der Lehrer auf Breite und Länge auf der Erde über und zeigte ihnen, wie man sie vom Himmel ablesen kann.

Als der Unterricht beendet war, begleitete Cyrus die beiden Herren noch ein Stück heimwärts. Und dabei erzählte er, was er sonst mit seinen Schülern trieb: die Beobachtung des Mondes, von dem Flut und Ebbe abhängt, wie man Vollmond und Neumond für jeden Monat des Jahres berechnen kann. Er ließ sie Mißweisungen des Kompasses durch Beobachtung mit dem Sextanten ausgleichen und brachte es sogar fertig, sie so weit in die Sphäre der Trigonometrie einzuführen, wie sie der Seemann braucht.

„Ihr seid ein großer Lehrer, Cyrus“, sagte der Magister nach längerem Schweigen. „Aber laßt mich eins wissen: Habt Ihr den ganzen Lehrgang Euch selber herausgesucht?“

Cyrus lächelte. „Doch nicht, Herr Magister. Was ich meine Schüler lehre, ist uraltes Schifferwissen. In vielen, vielen Generationen ist es erprobt und in Holland in einem Buch zusammengefaßt. Das heißt: „Van der Kunst der Stüerlüde“. Danach haben viele Geschlechter von Schiffern und Seeleuten Navigation gelernt. Auch ich. Und ich gebe nur weiter, was man mich gelehrt hat.“

Der Magister Drenkhahn nickte. „Mag sein, Cyrus, mag sein. Aber etwas tut Ihr dazu: eure Art, den Sternhimmel zu schauen, so daß das, was den Menschen schwierig und beinahe unfaßlich erscheint, sie leicht und selbstverständlich dünkt, und Eure Liebe zum Sternhimmel und die Sehnsucht nach der Schiffahrt.“

Der hochgewachsene, magere Schulmeister blieb stehen. „Ja, freilich, Herr, das gehört zu aller Lehre hinzu: Liebe zu den Dingen, die man betreibt. Und Sehnsucht, die großen Gesetze der Natur zu erkennen.“

KAPITEL 7
Von alter und neuer Schiffsführung und wie das Fischland seine Navigationsschule bekam

Um zu begreifen, was Cyrus für die Fischländer Schiffahrt bedeutet hat und warum er bis heute hin in der mündlichen Überlieferung geradezu als der Vater der Navigation betrachtet wird, muß man wissen, daß sein Unterricht eine in ihrer Zeit grundlegende Umwälzung bedeutet.

Navigation hat es natürlich zu allen Zeiten der Schiffahrt gegeben von den ältesten Zeiten an. Sie gehört mit zum Handwerklichen des Seemanns, ja sie bildet den Abschluß und die Krönung seiner ganzen Ausbildung. Nun war aber die Schiffahrt im achtzehnten Jahrhundert und – fügen wir es gleich hinzu – wesentlich auch im ersten Drittel des 19. Jahrhunderts vorwiegend das, was man heute große Küstenschiffahrt nennt, d. h. sie war beschränkt auf die Randländer der Ost- und Nordsee. In diesen Meeren nun kann man im allgemeinen fahren, ohne das Land auf gar zu lange Zeit aus den Augen zu verlieren. Daher ist für diese Schiffahrt der Sextant und der Chronometer, mit denen man in der ozeanischen Schiffahrt Länge und Breite messen und berechnen kann, im wesentlichen überflüssig und wurde auch praktisch kaum verwendet. Man peilte vielmehr, wie schon in der Hansezeit, bestimmte Landmarken an und tastete sich von einer zur anderen weiter. Wenn aber Nacht war oder unsichtiges Wetter, oder wenn Sturm das Schiff vom Kurs abgetrieben hatte, so hatte man ein Hilfsmittel, mit dem man sich weiterhalf und das eine viel größere Rolle spielte als heute: das war das Lot. Mit ihm wurde nicht nur die Wassertiefe festgestellt, sondern an dem mit Talg bestrichenen Boden setzte sich der Untergrund des Meeres fest. Und nun ist das eigentümliche, daß die alten Seefahrer das Meer anders kannten und aufnahmen, als wie wir es uns vorstellen können. Für sie war es nicht ein ebener Wasserspiegel, sondern eine Hügellandschaft mit Erhebungen und tiefen Rinnen, über denen das Wasser stand. Und diese unterseeische Landschaft war ihnen aus einer langen Erfahrung und einer Tradition, die durch viele Geschlechter lief, genauestens bekannt. Etwas Ähnliches wissen wir heute noch von Kapitänen der Wattschiffe, und auch von den großen holländischen Admiralen des 17. Jahrhunderts wird bezeugt, daß sie rein aus den Lotungen heraus mit fast hellsichtiger Sicherheit, auch bei Nacht und Nebel, ihre Schiffe und Flotten führten. Man darf überhaupt nicht annehmen, daß die Schiffe auf See ihren Lauf beliebig über das Wasser hin nehmen, sondern es gibt ganz bestimmte Straßen, auf denen der Verkehr sich abspielt. Es sind dies die Kurse, die man in einer jahrhundertelangen Überlieferung als die kürzesten und sichersten erkannt hat. Schon in der Hansezeit gibt es ein Wort dafür. Man nennt sie Traden, nämlich Wagenspuren. Auf ihnen verkehren jahraus, jahrein die Flotten. Segelt ein Schiff zum Beispiel von der holländischen Küste nach Skagen, so sind die beiden wichtigsten Orientierungspunkte die Doggerbank und die Jütlandsbank. Man segelt zunächst so weit in See, bis man 27 Faden Tiefe erreicht hat. Von dort setzte man den Kurs auf Nord-Nordost und behielt ihn so lange bei, bis man auf 40 Faden keinen Grund mehr fand, d. h. also bis zum Abfall der norwegischen Rinne. Dann legte man das Schiff auf Kurs Nordost zu Ost, bis Jütland in Sicht kam, und endlich Richtung auf Skagen, „doch frei von Land“. Der Kurs von Lübeck nach Riga wurde etwa durch folgende Landmarken bestimmt: Der Kirchturm von Falsterbo, der noch heute eine bekannte Landmarke bei der Umschiffung des gefährlichen Falsterboer Riffs ist. Dann die weiße Kreideküste von Rügen und die Nordspitze von Bornholm. Von da aus segelte man vorsichtig, d. h. immer in genügendem Abstand vom Land, bis nach Hela und Danzig.

Es ist ohne weiteres klar, daß diese Art der Navigation großes seemännisches Wissen und viel Erfahrung voraussetzt. Außerdem mußte der Schiffer noch vertraut sein mit dem Seerecht und mit dem damals gültigen Handelsrecht, soweit es die Schiffahrt betraf. Dazu gehören insonderheit die Rechtsbestimmungen über die Bodmerei, d. h. über die Fälle, in denen der Schiffer berechtigt war, bei schwerer Havarie sein Schiff zu verpfänden, um Geld für die Reparatur und Ausrüstung aufnehmen zu können.

Navigationsunterricht und Schiffahrtskunde hat es daher zu allen Zeiten gegeben. Sie erwuchsen vorwiegend aus der Praxis heraus und wurden durch private Schulungskurse, die in den Händen erfahrener Kapitäne lagen, im Winter während des Aufenthalts am Lande ergänzt. Auch Prüfungen wurden abgenommen, aber alle diese unterrichtliche Tätigkeit sowie auch die Prüfungen waren noch nicht Angelegenheit des Staates. Die Schifferkollegien – also etwas Ähnliches wie eine Innung – erteilten Unterricht und nahmen die Prüfung ab.

Schon in der Zeit der ersten Jachtenschiffahrt auf dem Fischland hat es solchen Unterricht gegeben, und wir besitzen einen sehr interessanten Brief eines Warnemünder Kapitäns, in dem uns der Unterricht geschildert wird. Hatte der Kapitän einen erfahrenen und strebsamen Matrosen, der schreiben und rechnen konnte, so regte er ihn an, über Winter die Steuermannsschule zu besuchen, und nahm ihn im Frühjahr sodann als Steuermann mit. Auch ein Examen für Steuerleute und Schiffer gab es bereits damals. Die Prüflinge mußten mehrere Exempel rechnen und ein mündliches Examen machen. Doch sollen die Fragen und Antworten, soweit sie die Theorie betrafen, nach Art eines Katechismus aufgeschrieben und auswendig gelernt sein. Das Wesentliche, sehen wir, machte damals die Praxis mit ihrer Erfahrung aus.

Was Cyrus dem Fischlande schenkte, war nun eine Einführung in die wirkliche Hochseeschiffahrt. Er selber war Steuermann gewesen und offensichtlich durch die Schule der holländischen Navigationskunde gegangen. Im 18. Jahrhundert war Holland, weit stärker als England, die führende Nation unter den großen seefahrenden Völkern. Das gilt auch für den Schiffsbau, von dem alle anderen anliegenden Nationen viel übernommen haben, auch England, und bis hinein in die Ostsee lassen sich Züge holländischer Werkarbeit im Typ und in der Ausführung der Schiffe nachweisen. Holländer und Friesen sind ja überhaupt diejenigen Völker, denen wir die wichtigsten Erfindungen im Schiffsbau verdanken. In Holland hatte man bereits früh angefangen, die schwierige Aufgabe zu meistern, die von den Astronomen entwickelten Rechnungen und Theorien für die Praxis nutzbar zu machen, und zwar innerhalb der Maatschapy der Steuerleute. Die Holländer besaßen also ein praktisches Handbuch, in dem in Frage und Antwort sowie mit Beispielen, welche die Lösung aufwiesen, alles gelehrt wurde, was ein Schiffer für die Navigation auf den Weltmeeren brauchte. Dieses Buch „Van der Kunst der Stüerlüden" hat Cyrus seinem

Unterricht zugrunde gelegt. Und da wir in der glücklichen Lage sind, das holländische Original und eine Nachschrift eines seiner Schüler zu besitzen, so können wir uns ein ziemlich klares Bild von seinem Unterricht machen. Nur die Rechenexempel, die er gibt, verändert er in jedem Kursus. Der alte Schulmeister wußte wohl, daß alle Schüler geneigt sind, voneinander abzuschreiben oder frühere Hefte, die sich in den Familien vererbten, nach Lösungen auszuplündern. Der Gang des Unterrichts als solcher war nun verhältnismäßig schematisch nach den Kapiteln des Buches ausgerichtet. Die entscheidende Leistung des alten Schulmeisters aber bestand darin, daß er die Leidenschaft für das, was er unterrichtete – und er hat bis in sein hohes Alter nicht davon lassen können – immer wieder seine geliebte Triangulation der heranwachsenden seefahrenden Jugend beizubringen –, auf seine Schüler übertrug. Was es bedeutete, einfache Menschen, die aus der Volksschule kamen, in diese schwierige und oft ziemlich abstrakte Wissenschaft einzuführen, wird wohl nur der verstehen, der selber diesen Unterricht zu geben hat oder aber der versucht, sich an der Hand der Nachschrift mit dem vertraut zu machen, was ein junger Seemann damals lernen mußte.

Immer wieder sehe ich in Gedanken ungläubig lächelnde Gesichter vor mir: Trigonometrie, Gestirnsmessungen und Kursberechnungen für Schüler der damaligen Volksschule?! Aber selbst wenn wir die bis heute fortlaufende Überlieferung von seiner Wirksamkeit in Frage stellen wollten – seine Schüler haben für ihn gezeugt.

Da war der Matrose Bradhering, der als Matrose in den Wintermonaten den Unterricht des Cyrus genossen hatte. Sein Schiff lag in Neuyork, und das gelbe Fieber raffte den Kapitän und dann den Steuermann dahin. Die Besatzung war verwaist. Da übernahm es der junge Matrose, das Schiff nach England zurückzuführen. Und die Fahrt gelang. Sie gelang so gut, daß er späterhin noch oft mit Stolz erzählen konnte: „un ik häv man en halven Strich verschillt".

Bis auf das Jahr 1846 blieb der Navigationsunterricht der privaten Initiative überlassen, wenn auch die mecklenburgische Regierung zu den Prüfungen der Steuerleute und Schiffer Beamte abordnete. Zur Besoldung und Unterstützung der Lehrer, als deren erster nach Cyrus Nikolaus Permin neben dem Lehrer Voß im Jahre 1834 erscheint, trug die Regierung kaum mehr bei als Deputatholz und Holz zum Bau eines Schulhauses. Der nächste Steuermannslehrer, Klaus Niemann, beruft sich im Jahre 1841 ausdrücklich auf den „berühmten" Navigationslehrer Cyrus, der den Fischländern ein helles Licht in der Seefahrt- und Steuermannskunde brachte, und bekennt sich mit Stolz als dessen Schüler. Aus einem Bericht an das Ministerium erfahren wir, daß in Wustrow und Dändorf gleichfalls jüngere Navigationslehrer ihres Amtes walten und daß die Regierung ihnen – sage und schreibe – dreißig ganze Reichstaler Zuschuß ausgeworfen hat. Er, Niemann, bittet – er ist damals bereits im 72. Lebensjahr – „ihn auch für den Rest seines Erdenlebens, wenigstens solange er seinem Schulgeschäft vorsteht, durch ein jährliches Gehalt zu beglücken".

Nun zeigte es sich aber immer notwendiger, daß die winterlichen Halbiahreskurse nicht mehr reichten. Und im Jahre 1846 beschloß die Regierung die Errichtung einer Navigationsschule. Man schwankte zwischen Rostock, Wustrow und Ribnitz als dem zukünftigen Ort. Einigermaßen humoristisch berührt es, daß die guten Ribnitzer Pfahlbürger sich entsetzt gegen die Errichtung einer Schule in ihren Mauern sträubten, schon als das Gebäude halbwegs fertiggestellt war, weil sie befürchteten, daß die „Seeleute zu viel und zu laut auf den Straßen randalierten". So wurde die Navigationsschule nach Wustrow verlegt. Und schon ein Jahr später fanden dort die ersten Prüfungen statt. Seit der Zeit haben rund 8.000 Seeleute ihre Ausbildung daselbst erhalten. Die Schule hat sich zum Stolz von Wustrow entwickelt. Zwar wurde auch sie hineingezogen in den allgemeinen Verfall, der mit dem Untergang der Segelschiffahrt und dem Übergang zum Dampfer eintrat. In der Zeit nach dem Weltkriege erschien sie ernstlich bedroht. Und erst seit dem Umbruch ist man mit aller Energie darangegangen, die Schule so auszubauen, dass sie heute zu den modernsten des Reiches zählt. Wenn ihr heutiger Direktor aus dem Beruf eines Maschineningenieurs hervorgegangen ist, so charakterisiert diese Tatsache den restlosen Sieg des Dampfers mit seinem gewaltigen Aggregat an Motoren und Elektromotoren über die alten Segelschiffe.

Die schöne Plattform aber, von der aus die Navigationsschüler ihre Höhenmessungen vornehmen, sowie das Planetarium – ein Lieblingsgedanke und eine höchst persönliche Schöpfung des Direktors – knüpfen immer noch an die alte Tradition an, die mit Cyrus beginnt. Und ebenfalls in die Zeit, wo der Seemann selber noch seinen Nachwuchs erzog und heranbildete, weist die Tatsache, daß heute noch zwei Schifferälteste an den Prüfungen teilnehmen. Daß aber nicht nur Fachwissen, wie es nun einmal nötig ist, hier gelehrt und gelernt wird, sondern daß etwas von der Begeisterung für die großen Leistungen des Menschengeistes, der sich am gestirnten Himmel orientiert, um auf dem Meer seinen Weg zu finden, in den Schülern der Wustrower Navigationsschule fortlebt, beweist ein Brief, der im August vergangenen Jahres seinen Weg nach Wustrow fand. Er kam aus Kalifornien. Dort auf einem hohen Berg war eine Schar deutscher Seeleute, deren Schiffe in Neuyork lagen, als der Krieg ausbrach, interniert. Was trieben sie dort, nachdem sie sich selber mit ihrer Hände Arbeit das Lager wohnlich ausgebaut hatten, neben Sport und Gartenarbeit? Sie hatten sich eine Navigationsschule eingerichtet, mit den kümmerlichen Mitteln, die ihnen zu Gebote standen. Mit entzückendem Humor schildert einer der jungen Steuerleute, wie er nun selber vor der schwarzen Wandtafel mit den geheimnisvollen Kreisen und Elipsen stünde und die Schar der Kameraden einzuführen versuche in größere Kreise, Winkel und Kurse wie einst sein alter Lehrer in Wustrow. Und daß er recht eigentlich jetzt erst empfände, wie schwer das Werk sei und wieviel er seiner Navigationsschule in Wustrow verdanke. Und sein Gruß gilt allen alten Lehrern fern in der Heimat, in Treue und Dankbarkeit.

Die Saat, die der alte Cyrus gestreut, ist aufgegangen und lebendig gewachsen bis in unsere Tage.

KAPITEL 8
Aus der Franzosenzeit
Die Kontinentalsperre
und die Schmuggler vom Darß

Anno 1807, an einem der wenigen hellen Septembertage dieses dunklen Jahres, hielt eine kleine Fischländer Brigg auf Warnemünde zu. Sie war bis Norwegen hinauf von Hafen zu Hafen gegangen bis oben nach Finnmarken hin und lief jetzt Rostock an, um noch eine Fahrt nach Danzig und zurück zu machen. Die beiden Jungmatrosen, die auf dem Vorderschiff standen, waren noch nie so lange fortgewesen. Sie hielten eifrig Ausschau nach vorn, wo die Hafenmole wie ein heller Strich über dem dunklen Blau der Wellen emporstieg.

„Schnurrig", sagte der eine, „ganz schnurrig, Hein".

„Du meinst die vielen Schiffe im Hafen?"

„Ja, das ist meist so als wie im Frühjahr, ehe die Flotte in See geht. – Guck, der Alte wundert sich auch."

Der Kapitän hatte schon eine geraume Zeit die Hand mit den Augen beschirmt und scharf Ausguck gehalten. Jetzt schüttelte er den Kopf. Er stieg mit krummen Knien die Treppe von der Back hinunter und ging in seine Kajüte. Als er wieder emportauchte, hatte er den Kieker unter dem Arm und spähte nach dem Hafen hinüber, in dem jetzt schon deutlicher die Masten vieler Schiffe emportauchten, die am Strom vertaut lagen. Der Steuermann trat zu ihm. Die beiden sprachen leise miteinander. Dann enterte der Steuermann auf in den Mars und hielt lange Ausschau. Als er wieder herunterkam, nickte er dem Kapitän zu.

„Es stimmt, Käppen Fretwurst, es sind Buntjacken. Das bedeutet nichts Gutes."

Allmählich war die ganze Mannschaft auf das veränderte Hafenbild aufmerksam geworden, und eine leise Unruhe verbreitete sich auf Deck.

„Ich will meine Stiefelschäfte fressen, wenn das keine Franzosen sind", sagte der Blaubüdel, „das hat uns gerade noch gefehlt."

Jetzt verließ eine Lotsenjolle den Hafeneingang und hielt auf die Brigg zu. Eine Viertelstunde später praite sie das Schiff an, und der Lotse kam an Bord. Die Mannschaft machte lange Ohren, aber der Alte schickte seine ganzen Leute aufs Vorderkastell und hatte eine längere Unterhaltung mit dem Graukopf. Er schüttelte immer wieder den Kopf. Aber dann zuckte er die Achseln. Also, zum Teufel, was sollte man dagegen machen? Man würde sehen, wie die Dinge liefen. Keinen Zweck, sich jetzt aufzuregen und die Ruhe zu verlieren. Langsam schlenderte er aufs Vordeck. „Hört zu, Leute, Warnemünde ist von den Franzosen besetzt. Krieg haben wir nicht, aber auch keinen Frieden. Es hat eine große Schlacht gegeben zwischen den Preußen und dem Franzosenkaiser da unten irgendwo in Mitteldeutschland. Und nun haben wir den Feind im Lande, obschon daß wir gar keinen Krieg geführt haben. Verhaltet euch ruhig und macht keine Torheiten. Und das will ich nur noch sagen: Dies wird wohl unsere letzte Reise in diesem Jahr gewesen sein. Hoffentlich ist nächstes Jahr die See wieder frei."

Dann ging er zurück auf die Schanz, spie über Bord und murmelte: „Hoffentlich! Und wenn nicht – – –."

FünfTage später befanden sich die beiden Jungmatrosen Jan Dade und Hein Staven auf dem Wege nach Wustrow. Im Ribnitzer Moor war es still und einsam. Die Sonne war aus den Wolken gebrochen, die tief und dunkel hingen. Es war heiß, fast wie im August. Hinter einem Birkenbusch am Weg saßen sie nieder und vesperten.

„Mensch, Hein, was wird nun?"

„Ja, was wird? – Aber das geht doch gar nicht! Die ganze Schiffahrt stillegen! Gott weiß, wie lange! Wie soll das Land bestehen dabei? Und was soll aus uns werden?"

Jan kaute bedächtig an einem Stück Speck und Schwarzbrot. „Danach wird der Franzosenkaiser gerade fragen. Ist ja klar, was er will; England will er bankrott machen! Du hast's ja gehört: keine Ware von England darf herein und keine Ware nach England heraus. Ich weiß bloß nicht, wer eher kapeister geht, der Engländer oder wir?"

Sie vesperten stumm. Dann zogen sie ihre Pfeifen heraus.

„Du, Jan –"

„Ja."

„Ich muß dir mal etwas ganz Komisches erzählen. Vielleicht wirst du drüber lachen. Du kennst doch die alte Elsbeth Thamms, das Frauensmensch, das bei euch wäscht, die Spökenkiekersche?"

„Ja."

„Ja, also vorigen Altjahrsabend hat sie's wieder gehabt und hat meiner Mutter erzählt: Das ganze Dorf sei voll Menschen gewesen, all das Mannsvolk, was sonst zur See war. Und unter ihnen sind Mannskerle gewesen mit ’nem bunten Rock und einer hohen, unklugen Mütze und Schwertern und Bändern quer über die Brust, mit Flinten.“

„Also genau wie die französischen Wachen vorm Steintor?“

„Ja, schnurrig, nicht? Glaubst du daran?“

„Was heißt glauben? Die Alte hat doch noch niemals Soldaten gesehen? Wie kann sie die beschreiben?“

„Ja, wie kann sie das? Wo doch kein Mensch an sowas gedacht hat?“

„Und nun sind sie da!“

„In Rostock!“

„In Wustrow vielleicht auch. – Und wenn sie nicht da sind, Hein, dann werden sie wohl kommen.“

Beide schwiegen und sahen in den Rauch ihrer Pfeifen.

– –

In Wustrow gab es sorgenvolle Gesichter. Fast alle Schiffe waren zurück. Aber es herrschten nicht die Fröhlichkeit und der Lärm wie sonst. Dunkel hing die Sorge vor dem, was nun kommen sollte, über dem Dorf. Elsbeth Thamms hatte recht behalten. Als das Frühjahr kam, rückte ein französisches Wachtkommando ein. Es wurde hauptsächlich bei den Bauern einquartiert. Aber die Fremden machten sich überall breit, und wenn auch Gewalttaten und Plünderungen zunächst erträglich blieben, so begann es doch bald zu gären, als diese versuchten, sich an die Fischländer Mädchen heranzumachen. Vielleicht nirgendwo hielt man so streng auf Sitte wie in den Dörfern des Fischlandes.

„Ich schlage den Hund tot, wenn ich ihn noch einmal bei deiner Schwester finde“, grollte Jan.

„Ich passe auf, Jan“, sagte Hein.

„Paß auf, paß auf!“ höhnte der. „Du kannst nicht immer an ihrem Rockzipfel hängen. Aber ich sage dir: es gibt ein Unglück!“

„Ja, Jan, und dann? – Hast du gehört, was sie in Rostock mit Jasper Petersen gemacht haben? Und in Boltenhagen haben sie einen Fischer erschossen und sein Haus angesteckt.“

„Der Darßwald ist dicht.“

„Ja, der Darß! – Und im Winter? – Und überhaupt, wie denkst du dir das? Das sieht nicht aus, als ob es bald besser würde.“

„Wenn etwas passiert, geh’ ich rüber nach Dänemark.“

„Rüber nach Dänemark! Vor unserer Küste französische Wachtschiffe! Und kommst du wirklich durch, schnappt dich drüben der Engländer, und du wirst gepreßt.“

„Ja, und was sollen wir tun?“

„Kalt Blut behalten, Jan, die Ruhe nicht verlieren. Und wenn es sein muß, dann so, daß er verschwindet in der Stille, ohne Spuren zu hinterlassen.“

„Das soll ein Wort sein! Ich weiß, du machst mit.“ „Es ist meine Schwester, Jan. Und wir haben immer zusammengehalten.“

Auch die Älteren hockten sorgenvoll zusammen. Zwei Jahre waren die Schiffe aufgelegt. Zwei Jahre lang gab es keine Verzinsung der Parten, keine Heuer. Man hockte am Lande, arbeitete verdrossen in der kleinen Wirtschaft, fischte auf dem Bodden und hart unter der Küste.

„Wären wir bloß nicht eingelaufen!" meinte Kapitän Bradhering. „Mein Bruder ist draußen geblieben, fährt zwischen Schweden und England. Es geht ihm gut, er verdient."

„Woher weißt du das?"

Der Alte griente. „Ich bekomme mitunter Nachricht."

„So, Nachricht, du auch?"

„Ja, und mein Neffe besucht in Kopenhagen die Seemannsschule. Wenn man bloß wieder rauskönnte! Man könnte ja unter neutraler Flagge segeln. Hinrichs aus Rostock soll zwischen England und Amerika fahren."

„Gar nicht so dumm! – Jedenfalls besser, wie hier am Land zu liegen wie ein Butt am Strand."

„Ob es nächstes Jahr besser wird? Man sagt, die Küstenschiffahrt soll freigegeben werden."

„Wer weiß? Möglich ist alles und nichts."

Als es auf das Jahr 1809 zuging, fuhr ein frischer Wind in das stockende Leben. Die französischen Truppenwurden plötzlich abgelöst und durch Mecklenburger ersetzt, die ganz umgänglich waren, auch mal ein Auge zudrückten, wenn ein Boot weiter hinausfuhr auf See, als es durfte, und später – meistens nachts – zurückkam. Vor allem, wenn man dann den geschmuggelten Tabak auch ihnen zukommen ließ und den Jamaika-Rum, den man von draußen mitbrachte, trotz aller Wachsamkeit der französischen Sperrflotte. Und dann schien es bergauf zu gehen. Die Schiffahrt wurde wieder freigegeben entlang der Küste und nach neutralen Häfen. Es mußte hohe Kaution gestellt werden für Ware und Schiff. Die verfiel, wenn man dem Kapitän nachweisen konnte, daß er illegalen Handel mit Engländern oder englischen Waren getrieben hatte. Aber die Reeder waren viel zu sehr darüber her, ihre Ware loszuwerden und andere hereinzubekommen, und die Rostocker hinterlegten die Summe mit Schuldschein auf ihre Häuser, so daß man Reisen genug machen konnte. Nur vor den Engländern mußte man sich in acht nehmen. Die lagen auf der Lauer, handelten oder kaperten, je wie es ihnen am besten dünkte.

Doch als im Jahre 1809 die großen Schlachten bei Aspern und Wagram geschlagen waren, ging alles wieder den Krebsgang. Die Mecklenburger wurden abgelöst. Es waren üble französische Troupiers, die wiederum einzogen, und die alte Quälerei begann von neuem.

– –

„Was grienst du, Jan?“

Die beiden Freunde lagen am Strande und blinzelten in die Sonne.

„Ich denke eben: Tätigkeit ist das halbe Leben, Hein. Die letzte Fahrt war recht einträglich.“

„Halt's Maul, Junge! Übermorgen ist Neumond."

„Ja, übermorgen. Wissen die anderen Bescheid?"

„Klar. – Dein Alter muß die Franzosenhunde kräftig mit Grog traktieren."

„Das tut er. Es lohnt sich ja."

– –

Das französische Kommando saß in der Staatsstube von Kapitän Dade, der heute von besonderer Gemütlichkeit gegenüber den ungeladenen Gästen war. Der Abendtisch war abgeräumt. Da kam der Alte und setzte einen mächtigen Kessel mit Grog auf den Tisch.

Der Sergeant erhob schnuppernd die scharf gekrümmte Nase, und die dunklen Augen unter den buschigen Brauen leuchteten auf.

„Aah! – Rum! – Bien, très bien!"

Aber Jochen Dade schüttelte traurig den mächtigen Kopf. „Nix Rum, mon Capitän, nix Rum. – All Rostocker Köhm." – Aber seine blauen Augen zwinkerten treuherzig, und um den scharfgeschnittenen Mund standen Lachfalten. Damit reichte er seinen Tabaksbeutel über den Tisch. Alle Hände griffen gierig nach dem kostbaren Kraut und stopften ihre Pfeifen.

„Alles in Mecklenburg gewachsen, mon Sergeant! – Alles aus Bützow und Friedland, du Döskopp!" brummte er halblaut hinterdrein.

Die Franzosen nickten und lächelten spöttisch. Sie konnten den guten spanischen Knaster wohl von dem heimischen unterscheiden. Aber warum streiten? – Und dann wurde es gemütlich. Man unterhielt sich laut und lärmend, denn Jochen Dade schien der Meinung zu sein, daß bei genügender Lautstärke auch sein Plattdeutsch den französischen Gästen verständlich sein mußte. Mit gekreuzten Armen saß er am Ofen und nötigte zum Einschenken. Er griente vor sich hin wie ein alter Schimmel. Daß er auch den Posten, die draußen auf Wache standen, von dem angeblichen Köhmgrog einen dägten Kessel voll geschickt hatte, das brauchte niemand zu wissen. Es hatte ihn ja auch niemand gefragt. Aber indes es laut und lärmend hier in der Stube zuging lag am Strande, entlang der bewaldeten Küste des Darß, eine totenstille, dunkle Nacht. Nur ab und an knackt es, wie wenn schwere Stiefel das Fallholz zertreten. Wieder einen Augenblick Stille. Dann lösen sich dunkle Gestalten aus dem Waldschatten. Es knirscht, wie wenn ein schweres Boot ins Wasser geschoben wird. Die Reemen geben keinen Laut, denn sie sind mit Lappen umwickelt. Draußen auf See blitzt einen Augenblick der matte Schein einer Laterne auf. Dort liegt ein Schiff, abgeblendet, mit quer gebraßten Rahen. Langsam kommen die Boote heran. Ein Flüstern der anderen, dann werden Kisten und Fässer lautlos übergenommen. Das Boot strebt dem Strand wieder zu, ein zweites erscheint. Man kann viel leichtern in einer Nacht, wenn Hände genug da sind, und wenn man weiß, daß es sich lohnt. – Als der Morgen zu grauen beginnt, ist kein Schiff zu sehen, nur ein heller Fleck am Horizont. Keine Boote liegen am Strand. Kisten und Tonnen und Packen sind in Heuschobern versteckt, vielerorts verteilt, denn man muß vorsichtig sein. Alle Ware aus englischem Besitz wird unnachsichtlich konfisziert und verbrannt, ausgenommen das, was französische Douaniers und Beamte für sich selber beiseiteschaffen, um ihre schmutzigen Geschäfte zu machen. Wird aber wirklich einmal ein Mann entdeckt, so verschwindet er in den Verstecken des Darßwaldes, bis man Gelegenheit hat, ihn mit einem Boot nach Dänemark hinüberzuschaffen.

Dumpf und drückend gehen die Jahre dahin. Man hat es fast vergessen, daß man ein ehrlicher Seemann ist, der einmal legitimen Handel getrieben hat. Aber langsam entsteht eine steigende Unruhe unter den Menschen. Die kommt nicht nur von dem Kometen, der durch Monate hindurch wie eine feurige Wolke über dem Nachthimmel gehangen und die Menschen mit seinem Glühen und Glitzern in Schrecken versetzt hat. Das ist nicht nur der bis zur Unerträglichkeit gestiegene Druck der französischen Besatzung, sondern ein dumpfes Gefühl, das in allen Herzen lebt: so geht es nicht weiter! Der Haß gegen die Fremden im Lande wächst. Bei den Händeln der Schmuggler im Darß geht man den französischen Zollwächtern nicht mehr aus dem Wege, wenn sie nicht eben in Übermacht zur Stelle sind. Ab und an verschwinden einzelne. Es hat nicht viel Zweck, daß man nach ihnen sucht. Der Darßwald ist dicht, und der Schnee liegt hoch. –

Als es auf den Frühling zugeht, dringen seltsame Gerüchte ins Dorf. Fischer und Schmuggler haben sie von Dänemark mit herübergebracht. Und an einem sonnigen Märztage tritt Jan zu seinem Freunde ins Zimmer. Er schließt die Tür hinter sich, geht auf ihn zu und haut ihm auf die Schulter. „Mensch“, sagt er, „Hein – es geht los! Ich hab’ es für gewiß: Das ganze Heer des Franzosenkaisers ist von den Russen vernichtet. Die Preußen gehen gegen sie. Wenn der Sommer kommt, geht die Schiffahrt wieder an. – Komm mit, wir wollen zu meinem Alten. Ich hab’ ein Zeitungsblatt aus Schweden. Er soll es uns vorlesen.“ – – – –

Ganz so schnell, wie die Fischländer gedacht hatten, ging es nun freilich nicht. Die Franzosen, die bereits abgezogen waren, stießen noch einmal von Hamburg auf Rostock vor. Aber sie wurden bei Retschow abgewiesen. Und als die Nachricht von der blutigen Schlacht bei Leipzig kam, da rüstete man allerorts entlang der Küste die Schiffe. Wenn es in diesem Jahr auch zu spät geworden war – im nächsten Jahr war die See wieder frei! Ein Jahrzehnt lang hatten sich Waren auf dem Kontinent und in England gestaut. Handel und Wandel – das glaubte jedermann – standen vor einem ungeheuren Aufschwung.

KAPITEL 9
Schwere Zeit

Das bitterböse Jahr 1826 neigte sich seinem Ende zu. Der Herbst war lang und sonnig und trotzdem waren die meisten Schiffe bereits zurückgekehrt und lagen im Hafen. Doch die Gesichter der zurückkehrenden Seeleute waren keine frohen. Die Alten vor allem schienen gedrückt und von Sorgen überschattet, und das ganze Aussehen des Dorfes, die bescheidenen Häuser, deren Strohdach oft geflickt war, die Türen und Fenster, welche längst wieder einmal gestrichen werden müßten, wiesen auf eine Notzeit hin, die schon längere Zeit angedauert haben mußte. Nur die Frauensleute freuten sich, daß sie die Ihren daheim hatten, und suchten ihnen das Leben so gemütlich zu machen wie sonst. Aber auch ihnen merkte man an, daß sie härter gearbeitet hatten als in früheren Jahren. Und die Sorge, die auch in ihren Gesichtern geschrieben stand, deutete darauf hin, daß die Speisekammer nicht wie sonst reichlich gefüllt war.

Der Schiffer Christian Dade trat vor die Tür seines Häuschens und winkte einem Manne zu, der die lange Dorfstraße entlangkam. Seine Stirne verdüsterte sich, und er konnte einen leisen Seufzer nicht unterdrücken. Und dabei hätte er doch allen Grund gehabt, sich zu freuen, denn der hochgewachsene, braungebrannte Fremde, der dort auf ihn zukam, war sein Bruder Ewald, der seit vierzehn Jahren als verschollen gegolten hatte und am gestrigen Abend unerwartet zurückgekehrt war. Es war eine abenteuerliche Geschichte, die er erzählt hatte. Von dem Augenblick an, wo er von einem englischen Preßkommando in London von Bord seines Schiffes geholt und unter die englischen Matrosen gesteckt war. Dann seine Kreuzerfahrten an die amerikanische Küste, nach Cuba, ans Kap der guten Hoffnung, Indien und wieder zurück, Kampf mit den Franzosen – – das alles klang wie aus einer anderen Welt. Er hatte bald eingesehen, daß er gute Miene zum bösen Spiel machen mußte. Und da er ein fixer Kerl war, war er emporgestiegen und hatte es bis zum Bootsmannsmaat gebracht, als welcher er in diesem Herbst ehrenvoll entlassen war. Gestern war er zum allgemeinen Staunen mit dem Bootswagen der Brigg Agamemnon in Wustrow angekommen, wo man ihn seit Jahren tot geglaubt hatte. Die Freude in der Verwandtschaft war groß. Auch Christian Dade hatte sich herzlich gefreut, und doch lief er seit gestern mit schweren Sorgenfalten auf der Stirn umher, denn nun mußte er sich mit seinem Bruder wegen der väterlichen Erbschaft auseinandersetzen. „Binnen is beter as buten", sagte der Jüngere und stellte sich an den Ofen. „Ich friere immer noch bei der geringsten Kälte. Aber das kommt von dem langen Tropendienst." Der Ältere nickte. „Das wird sich geben mit der Zeit. Aber hör' zu, Ewald, wir müssen miteinander reden." Der klopfte seine Pfeife aus und füllte sie neu. „Ja, du mußt mir erzählen, wie alles gelaufen ist. Gut scheint es ja nicht auszusehen. Und ich dachte immer, ihr säßet schön in der Wolle, Als der Krieg vorüber war und Handel und Wandel wieder blühten." – „Hat sich was mit Blühen. – Das hatten wir auch alle geglaubt. Aber ich kann dir sagen, die zehn Jahre, die hinter mir liegen, waren meist so schlimm wie die Zeit der Kontinentalsperre…" – „Das verstehe ich nicht, Bruder. Wieso? Erzähl'!"

„Ja, das ist leicht erzählt. 1816 im Frühjahr lief ich aus. Ich hatte Weizen geladen auf eigene Rechnung, nach Holland. Ich dachte, sie sollten mir die Ware aus den Händen reißen. Aber wie war es? Im gleichen Jahr hatten Belgien und Holland einen Zoll eingeführt, daß kaum Ware ins Land konnte. Ich habe den schönen Weizen fast verschenkt."

„Warum fuhrst du nicht nach England?"

„Wollte ich auch, aber da war es noch schlimmer. Und aus Frankreich bekam ich die gleiche Nachricht. – Ich sage dir, es war ein Jammer. Und Hafengelder, Lotsengebühren, überhaupt alle Ungelder waren gestiegen. Und Rückfracht? Halbwegs bin ich in Ballast gelaufen und mußte froh sein, daß ich ein paar Stückfässer Wein aus Bordeaux nach Dänemark bringen konnte. Als ich im Herbst nach Hause kam und die Mannschaft abgelohnt hatte, konnte ich die paar Taler, die ich als Überschuß hatte, in der Rocktasche nach Hause tragen. Und den anderen war es nicht besser ergangen, eher noch schlimmer. Wir hofften aufs nächste Jahr, aber das verlief nicht besser. Es war wie verhext. Kein Land wollte unser Korn, um das sie sich früher doch gerissen hatten."

„Das verstehe ich nicht. Sie haben es doch früher genommen."

„Ja, früher!" Ein Zug tiefer Verbitterung grub sich in das schmalkantige Gesicht des Schiffers. „Aber der Krieg, Bruder, der Krieg! Über zwanzig Jahre haben die großen Herren in allen Ländern Krieg gespielt. Und als der Friede kam, war alles Geschirr in Scherben. Aber die Schulden! Die mußten bezahlt werden. Und damit das Geld nicht aus dem Lande lief, baute jedes Land Zollmauern um sich, so hoch, daß nichts raus und auch nichts reinkam. Und es durfte nicht mehr an Getreide eingeführt werden, als daß keine Hungersnot entstand. Sobald die Einfuhr wuchs, begann der Bauer im eigenen Lande zu schreien, was man ihm an sich nicht verdenken kann, denn aus seinem Fell wurden die Riemen geschnitten. Man bloß –“ er brach ab und starrte vor sich hin.

„Ja, schieß los, was meinst du?“

„Ja, ich weiß nicht, wie das werden soll. Jahr für Jahr liegen Schiffe auf. Die anderen machen ihre Reisen fast ohne Gewinn. Kein Mensch will mehr Parten reeden. In Rostock sind in den letzten zehn Jahren kaum ein halb Dutzend Schiffe auf die Helligen gelegt. In Pommern haben die Kornhändler, die ja die meisten großen Schiffe besitzen, ihren ganzen Schiffspark losgeschlagen. In Danzig ist es nicht viel anders. Bei uns und überall an der Küste, auch entlang der Nordsee, sind die Heuern gesunken. Die Leute wollten erst nicht. Aber dann hätten die Schiffe aufliegen müssen. Und das kostet auch nur Geld. – Du kennst mich. Ich gönne jedem Menschen seine Nahrung. Du kannst mir glauben, ich schäme mich selbst, wenn ich meinen Schiffsleuten die kärgliche Heuer bieten und diese noch herabsetzen muß, wenn wir länger in einem Hafen liegen. Aber was nützt das alles? Die ersten Jahre habe ich noch meist Frachten in die spanischen Häfen bekommen. Aber Anno 21 legten die Spaniolen auch hohe Zölle auf Getreide. Und in England wurde in jedem Jahre festgesetzt, wieviel oder – eigentlich muß man sagen – wie wenig Getreide eingeführt werden durfte. Sich dir an, wie im Dorf die Häuser aussehen. Das zeigt dir, wie weit wir auf dem Fischland gekommen sind. Und wenn du im Rostocker Hafen auf die Schiffe geachtet hast, so weißt du auch, was die Glocke geschlagen hat. Ich sage dir, da sind manche drunter, die sind so durstig. Es heißt Gott versuchen, wenn man sich mit ihnen aufs Meer wagt. Und Seiler und Reepschläger haben wenig zu lachen. Immer wieder wird gespleißt und altes Tau verwandt, wo längst neues hingehört hätte. Hier auf dem Fischland gibt es viele, die kümmern sich mehr um ihre Ackerwirtschaft als um die Schiffahrt. Und ich weiß nicht einmal, ob sie sich nicht besser dabei stehen."

„Das ist schlimm, Bruder."

„Ja, das ist schlimm. Das Geld hat sich verkrochen. Der Wucherer hat gute Zeit." Christian Dade wandte sich um und ging an sein Pult. Zögernd öffnete er die Klappe und nahm einen Pack Bücher heraus. „Setz' dich einmal hin, Ewald. Ich möchte gleich mit dir abrechnen."

„Abrechnen? Was heißt abrechnen?"

„Die Erbschaft! Sieh, hier ist Vaters Testament. Hier ist die Partenliste." – Er schlug ein schmales, in Buntpapier gebundenes Anschreibebuch auf. „Siehst du, das sind deine Parten. Und nun zähl' nach. Das sind die Zinsen, die dir zustehen, von sechs Jahren." Wieder seufzte er leise.

Der Jüngere hantierte angelegentlich an seiner Pfeife. Zwischendurch warf er einen Blick in die aufgeschlagene Kladde. „Sag mal, Christian, ihr habt mich doch für tot gehalten."

Der Bruder zuckte die Achseln. „Was heißt – tot! Du warst verschollen", sagte er rauh. „Ich bin der Älteste und habe das Geld für dich zurückgelegt."

„Das meiste steht im „Neptun", nicht wahr?"

„Ja. Hoch sind die Zinsen nicht." Er runzelte die Stirn. „Ich habe vor zwei Jahren einen größeren Posten an Tauwerk kaufen müssen und voriges Jahr Segeltuch. Es ging nicht anders. Ich konnte es nicht mehr vor den Reedern verantworten. Sonst wäre die Verteilung etwas höher geraten."

Ein Schweigen entstand. Der Ältere wandte sich zum Schrank und zog einen Beutel hervor. „Da, nimm und zähl' nach!"

Der Jüngere schob den Beutel zurück. „Das Geld nehme ich nicht, Christian. Ich war tot für euch. Und somit fiel das Geld an dich oder Mutter. Nach sieben Jahren gilt der Verschollene als tot, und sein Vermögen geht den Erbgang weiter. Von Rechts wegen habe ich gar nichts zu beanspruchen. Das weißt du auch."

„Von Rechts wegen!" stieß der Ältere bitter hervor. „Was heißt von Rechts wegen! – Wenn der Advokat sieben und elf Prozent Zinsen nimmt, so ist das auch von Rechts wegen, nicht wahr? – Du bist mein Bruder, und da liegt Vaters letzter Wille."

Der Jüngere schüttelte den Kopf. „Die Parten – gut. Die will ich nehmen. Aber nicht die aufgelaufenen Zinsen. Sag, was du willst, ich nehme sie nicht! Denn wenn der „Neptun" noch nicht als Hulk im Hafen verrottet ist, so deswegen, weil ihr eure Heuer herabgesetzt, die Ausrüstung, des Schiffes so verknappt, wie sich nur verantworten ließ, und all das Risiko in der schlimmen Zeit getragen habt. Ich nehme die Zinsen nicht! Setz das Schiff dafür instand, Und nun hör' mich an. Du brauchst den Kopf nicht hängen zu lassen. – Eine Frage vorweg: Hast du einen Steuermann für nächstes Jahr?"

„Nein."

„Dann fahre ich mit. Du weißt, ich habe mein Steuermannspatent noch von Kopenhagen her. Und verlaß dich drauf, ich habe mancherlei zugelernt. – Und nun setz' dich einmal her, und wir wollen planen." Christian Dade reichte seinem Bruder schweigend die Hand und nahm ihm gegenüber Platz. Der Jüngere brannte seine Pfeife an und stieß den Fidibus in den Aschebecher.

„Paß auf, Bruder, du brauchst den Mut nicht sinken zu lassen. Du hast die schlechten Jahre gehabt, du wirst auch die guten erleben."

Der Schiffer lächelte etwas kümmerlich. „Etwas besser war es ja dies Jahr."

„Und es wird noch besser kommen. Gib man acht, ich will dir's erklären. Ich habe so manches zu hören gekriegt, wenn ich im Londoner Hafen lag Und dann hatte ich einen Schiffsarzt, der sich mitunter mit mir unterhielt. Sieh mal, die Sache ist so: Drüben auf der Insel ist viel Unzufriedenheit und böse Zeit. Fast könnte man denken, es würde denselben Weg gehen wie Anno 89 in Frankreich, als die große Revolution ausbrach. Da sind zwei Parteien im Lande. Die einen, das sind, was bei uns die Junker sind. Die sitzen auf ihren großen Gütern, haben ihr Land teuer verpachtet und haben ein Interesse daran, daß der Kornpreis hoch bleibt. Die haben zurzeit das Heft in der Hand."

Der andere nickte. „Haben sie bei uns auch, aber genutzt hat es ihnen nichts. Der Weizenpreis ist auf ein Drittel gefallen. Und bei ihnen ist auch Not und teure Zeit. Aber die können's lasten."

„Ja, aber in England ist das anders. Bei uns sind es nur ein paar Städte, die ihnen Widerpart halten. Aber drüben sind es Hunderte. Und in ihren Mauern stehen die großen Fabriken und die Handelshäuser. Da drängt sich das Volk und will Brot haben. Und solange der Kornpreis hoch ist, müssen sie hohe Löhne bezahlen. Und so hat sich eine andere Partei gebildet. Die will freien Handel. Das Korn soll wieder ins Land strömen wie früher. Und die ist fast so mächtig geworden wie die Lords, die die Ländereien besitzen. Und eines Tages kriegen sie das Heft in die Hand. Verlaß dich drauf."

„Mir soll's recht sein."

„Ich glaube, es kommt sogar eher, als wir denken. Denn, siehst du, die Mynhers in Holland, die ja immer ein Geschäft riechen, das in der Luft liegt, haben schon auf die Gegenpartei gesetzt. Sie fangen jetzt schon an und kaufen Korn auf, um es sofort auf den Markt werfen zu können. Und darum ist es richtig, daß ihr euch hier durchgefrettet und nicht eure Schiffe verkauft habt wie die Pommern und Danziger."

Wieder lächelte der andere. „O nein, das haben wir nicht. Was sollte aus dem Fischland werden ohne die Seefahrt? O nein, wir haben noch mehr getan. Ein gut Teil der preußischen Flotte ist in mecklenburgische Hände gekommen trotz der schlechten Zeit. Und wenn du recht hast, so machen wir ein gutes Geschäft, denn die Schiffe waren billig zu kriegen."

Ewald Dade sah seinen Bruder staunend von der Seite an. „Mensch, wie habt ihr das möglich gemacht?"

„Ach, weißt du, hie und da saß noch ein bißchen Geld. Du mußt nicht fragen, woher es kam. Wir haben uns lange Zeit mit Schmuggel über Wasser gehalten. Das brachte nett was ein, wenn's gelang. Und dann, weißt du, wir sind bescheidene Leute und strecken uns nach der Decke. Die Unseren begnügen sich mit Pellkartoffeln und Fisch den ganzen Sommer über. Und sie würden trocken Brot essen, nur daß wir unsere Schiffe halten können. Wir können die Rostocker noch unterbieten, wenn es sein muß, und haben doch unser Leben dabei."

„Ja, hartfretsch ist der Fischländer." Er sann einen Augenblick vor sich hin. „Also, du meinst, man könnte heute billig zu einem Schiff kommen? Das heißt, es muß ein Trimm sein, nicht solch durstiger Pott, mit dem man sich nicht von der Küste weg wagen kann."

„Sicher. In Barth liegen noch mehrere, auch in Stettin."

„Ich will dir's nur sagen, Bruder. Ich bin nicht ohne Mittel. Ich habe auch meine Heuer zusammengehalten, und beim Abschied hab ich eine ganz hübsche Prämie bekommen."

Der andere sah ihn erstaunt an. „Mensch, dann greif zu."

Doch der Jüngere schüttelte den Kopf. „Nicht gleich, Christian, nicht gleich. Ich muß mich erst wieder ein wenig an Land und Leute gewöhnen. Bootmannsmaat an Bord einer Fregatte ist schon ein bißchen was anderes. Und so wie die Leute dort angefaßt werden, kann ich mit unsern Schiffskindern nicht umgehen. Laß mich ruhig ein, zwei Fahrten mit dir machen. Und dann wollen wir sehen."

Sein Bruder nickte. „Das soll ein Wort sein, Ewald. Und du – ich freu mich! Nicht nur, daß du zurückgekommen bist, sondern daß du geblieben bist wie wir. Ach, laß nur. Es sind manche hinausgegangen. Die haben Geld verdient die Hülle und Fülle. Aber sie haben es wieder durchgebracht. Und was ist aus ihnen geworden? Wracks!"

„Es kommt eben darauf an, aus was für Holz einer geschnitzt ist."

„Das ist wahr. Aber ich glaube, wir sind aus gutem Eichenholz geschnitzt – – –"

Es hat immerhin noch rund ein Jahrzehnt gedauert, ehe die große Blüte der Schiffahrt, die Ewald Dade vorausgesehen hatte, kam. Die beiden Brüder haben sich redlich mühen und placken müssen, aber sie haben es sich nicht verdrießen lassen. Aber dann kam der Tag, an dem auch der Jüngere eine schmucke Brigg fuhr. Und an Bord keines Schiffes ist es so stramm und schneidig hergegangen als auf der „Meerjungfer". Er hat bald seinen Spitznamen weggehabt wie die meisten Wustrower Kapitäne, die über dem Durchschnitt standen. Den „Lord“ hat man ihn genannt, weil er immer wie aus dem Ei gepellt war und am Lande feine Handschuhe aus Englischleder trug. Er hat viel Geld verdient. Nicht umsonst hatte er in die Mastspur seines Schiffes, denn er hatte doch kein preußisches gekauft, sondern selbst gebaut, einen blanken, goldnen Souvereign gelegt. Den hatte er vordem in seiner Börse gehabt, aber nie ausgegeben. Es war der erste, den er drüben in England gespart hatte. Bei den anderen Kapitänen tat es meist ein blanker mecklenburgischer Taler.

KAPITEL 10

Vom Schiffsjungen bis zum Schiffer

Das Frühjahr ist gekommen, die Konfirmation steht vor der Tür. Im Dorf wird es lebendig. Man rüstet sich zur Seefahrt. Der kleine Jan Staven ist eben 14 Jahre geworden. Noch vor wenigen Wochen hat er fröhlich mit den anderen Jungen gespielt. Seit ein paar Tagen aber legt er ein merkwürdig gesetztes Benehmen an den Tag, scheuert sich oft, und dann verzieht sich sein Gesicht ein wenig. Kommt das, weil ihn sein Vater bei Kapitän Balruß als Schiffsjunge angemeldet hat? Sollte er Bedenken gekriegt haben jetzt, wo es losgeht? Ach nein, der Grund ist ein viel einfacherer, ein sehr banaler und schmerzlicher: seit acht Tagen trägt er das neue Wollhemd, das ihm die Mutter zur Ausrüstung gekauft hat, und das ist so hart und rauh wie eine alte Reibe und zerkratzt ihm den ganzen Körper. Und überdies: er würde jetzt gerne an den Strand laufen. Aber Mutter hat ihn angebunden. Er soll Strümpfe stopfen lernen und Knöpfe annähen, selbst einen Flicken einsetzen. O ha! Es ist nicht so leicht, wenn man zur See geht. Ob die Seestiefel, die ihm der Schuster angemessen hat, rechtzeitig fertig sind? Die Seekiste steht schon bereit; sein Onkel hat sie ihm geschenkt. Auch der Bettsack, zu dem Mutter ein Unterbett gestiftet hat. Zur Konfirmation bekommt er dann eine schwarzseidene Mütze und ein kurzes Jackett, und dann ist es so weit.

Als Schiffersohn braucht er nicht als Kajütenwächter zu fahren. Darüber ist er sehr stolz. Er soll gleich als Decksjunge Dienst tun. Er weiß, was ihm bevorsteht. Oft genug hat es geheißen: na, komm du nur an Bord, da werden sie dir das Fell schon mürbe machen. Und doch! Als er nun wirklich mit dem mächtigen Gootswagen nach Rostock fährt und die ganze Flut der letzten Arbeiten beim Klarmachen des Schiffes über ihn hereinbricht, als ihn jedermann schickt und springen läßt und ihm Aufträge gibt, die er oft nur zur Hälfte versteht, da ist er doch ein wenig verzagt. Aber allmählich findet er sich an Bord zurecht. Er weiß, daß er den Hund zu füttern hat –, auch die Schweine unterstehen seiner Obhut – daß er alle Tauenden zusammensuchen und aufscheeren muß, und vor allem, daß er in der Back auf- und abzudecken und das Geschirr zu reinigen hat. Er ist Lehrling an Bord, und es geht ihm nicht anders als es allen Lehrlingen in jeglichem Handwerk geht. Er wird gefoppt und gehänselt, und wenn er aufmuckt, hagelt es Schelte, und das Tauende ist immer dicht an der Hand. Er hat es bald begriffen, daß er nicht mit den Herren Matrosen am Tisch, sondern auf der Bordschwelle zu sitzen hat, wenn er sein Mittag verzehrt, daß er, wenn er nach dem Essen mit der Handeule ausfegen will, die Seeleute erst durch folgendes Sprüchlein aufzufordern hat: „Ihr wohllöblichen Herren Seeleute, bergt eure Füße, der Storch will schrubben, daß euch kein Schmutz berührt." Wenn er ohne diesen Spruch anfangen würde zu fegen, setzte es Hiebe. Mit den anderen ist er zur Wache eingeteilt. Schwer fällt es ihm oft, nach der harten Arbeit des Tages die Augen aufzuhalten, wenn er auf dem Gangspill sitzt. Zwischendurch hat er das Fleisch, das der Koch aus dem Pökelfaß geholt hat, zu wässern und auszudrücken. Und wehe ihm, wenn er nicht mit einem Satz aus der Koje fährt, wenn die Wachen ausgesungen werden. Er hat es schwer. Jeder hackt auf ihm herum. Er ist Scheuerwisch für all und jeden.

Wenn er erst als Kochsjunge gefahren wäre, so hätte er es vielleicht ein wenig leichter gehabt. Aber der Vater hat gemeint, es könne ihm nichts schaden, wenn er gleich Hals über Kopf in die Seemannschaft hineingestoßen würde. Und da er ein fixer Kerl ist und weiß, was er will, so wird er auch mit den Arbeiten im Mast verhältnismäßig gut fertig. Zunächst verlangt man auch nicht mehr von ihm als das Arbeiten auf der Großrah, denn die Jungen müssen erst kopffest werden. Zuerst nimmt man ihn auch nur mit nach oben, ohne daß er an der eigentlichen Arbeit teilnimmt. Aber es ist schon ein böses Stück Arbeit, wenn das Schiff bei schwerer See überholt, mit den Füßen auf den Pferden zu stehen und mit dem Oberkörper über der schweren Rah zu hängen. Er hat es aber bald raus, daß es ihm bei den Matrosen Ansehen gibt, wenn er sich gerade an diese Arbeiten herandrängt, zumal sie ihn ohnehin auf Sicht haben, da er ein Schiffersohn ist, und bestrebt sind, ihn nach Möglichkeit zu ducken. Sein Glück ist, daß er von Natur seefest ist. Das gibt ihm eine Überlegenheit vor manchen alten Matrosen, die sich immer erst von neuem wieder gewöhnen mußten, wenn sie ein paar Wochen an Land verbracht hatten. Der Kochsjunge, der mit ihm an Bord ist, hat es schlimmer. „Rasmus halt sin Andeil“, sagen die Matrosen, als der Junge grün im Gesicht über die Reeling hängt und fahren läßt, was doch nicht bleiben will. Und dann trösten sie ihn noch und geben ihm gute Ratschläge, er solle ein Stück Speck an ein Schiemannsgarn binden, runterschlucken und wieder raufziehen, um die Kehle geschmeidig zu machen. Und die bloße Vorstellung davon genügt, um den Jungen wieder zum Lenzpumpen zu bringen.

Als sie in einem norwegischen Hafen liegen, möchte Jan brennend gern an Land gehen. Aber der Bootsmann hat ihm schon kurz und grob erklärt: „Du kannst an Land gehen, wenn der Großmast geht.“ Er kommt aber doch an Land. Aber viel Pläsier ist nicht dabei. Er muß tüchtig mit angreifen, als sie die schweren Balken zur Ladung einnehmen. Er spürt seine Knochen elendiglich am Abend und darf sich doch nicht in die Koje packen ehe es dunkel wird. Denn im Roof wollen die Matrosen unter sich sein, und von 7 bis 8 muß er an Deck bleiben, muß Babbeljahn gehen. Das ist vielleicht ganz gut, denn was sich die Janmaaten von 7 bis 8 über ihre Hafenabenteuer erzählen, ist wenig für die Ohren eines 14jährigen geeignet. Allmählich hat er sich an alles gewöhnt. Er weiß, daß er sich an Deck auf der Leeseite zu halten, sich auch nicht über das Essen aufzuhalten hat, auch wenn es alltäglich Erbsen mit Speck und Speck mit Erbsen gibt. Und längst hat er es heraus, daß es ihm am besten geht, wenn er trotz Schelten und Prügeln seinen Humor behält und im übrigen dafür sorgt, daß ihm ein dickes Fell wächst.

Als das Schiff im Herbst in den Hafen einläuft, hat er sich tüchtig herausgemacht. Er ist breit geworden, seine Muskeln sind hart, und einen Gang hat er sich angewöhnt wie ein richtiger seebefahrener Mensch. Der Schiffer muß einigermaßen mit ihm zufrieden sein, das schließt er aus der Art, wie der Vater mit ihm umgeht, und stolz trägt er seine Mütze und fühlt sich hocherhaben über die Jüngeren, die mit Ehrfurcht zu ihm emporsehen.

Es hat ihn oft ergrimmt, daß die Mannschaft ihm immer den Schiffersohn vorrückte. Im Grunde genommen lag dazu kein Anlaß vor. Kapitän und Steuermann haben ihm nur doppelt scharf auf den Dienst gepaßt, ihm ist wahrhaftig nichts geschenkt worden. Und jetzt über Winter, wo die anderen ihre Freizeit genießen können, packt ihm der Vater noch extra Arbeit auf. Er muß rechnen und bekommt die ersten und einfachsten Grundzüge der Navigation und des Seerechts. Die anderen haben es besser. Das liegt für sie noch in weiter Ferne, soweit sie überhaupt daran denken, später einmal die Steuermannsschule zu besuchen. Aber sein Vater setzt seinen Stolz darin, seinen Jungen zu einem besonders tüchtigen Seemann heranzubilden. Er ist der Meinung, dass ein künftiger Schiffer niemals zu viel lernen kann.

Noch ein weiteres Jahr fährt Jan Staven als Junge, um sodann zum Jungmann zu avancieren. Dies Jahr ist eigentlich das ungemütlichste. Man ist nicht Fisch und nicht Fleisch. Im Grunde genommen, werden die meisten Arbeiten des Matrosen schon von ihm verlangt, und doch gilt er noch nicht als voll. Eine Menge von Arbeiten bleibt ihm vorbehalten, für die sich der Vollmatrose für zu gut hält. Vor allem hat er im Hafen meist die Bordwachen und muß die Mannschaften, die von Land kommen, mit dem Boot an Bord holen. Erst nach einem weiteren Jahre wird er Leichtmatrose. Von nun an darf er an Bord rauchen und sich auf der Luvbordseite aufhalten. Erst jetzt gehört er eigentlich zur Zunft. Und dann kommt der stolze Augenblick, wo er losgesprochen und unter die Vollmatrosen aufgenommen wird. Er war diesmal auf einer Langreise gewesen, nach Westindien, und fast hätte er es vergessen, daß sein drittes Seejahr zu Ende gegangen war. Da merkte er es in der letzten Zeit, daß ihn der Schiffer prüfend von der Seite betrachtete, auch ab und an einmal eine Arbeit, die er ausführte, nachprüfte. Und da fiel es ihm ein: die Zeit nahte, wo er losgesprochen wurde. Und eines Tages ließ ihn der Kapitän ein Tau belegen und einen Spliß machen, prüfte die Arbeit genau nach und sagte: „Is gut, Jan, von heut an bist du Vollmatrose!“ Es war gewissermaßen sein Gesellenstück, was er gemacht hatte. Von nun an war er ein richtiger Fahrensmann. Als die Bark Rostock ansteuerte, kam der Schiffer so langsam und hinten herum darauf zu sprechen, daß er Jan Staven gern für die nächste Reise behalten hätte. Aber Jan wollte nicht. Der Schiffer fuhr immer mit seinem alten Besatz. Alle Leute an Bord sahen doch immer noch ein bißchen in ihm den Jungen, den sie selbst mit ausgebildet, dem sie manchen Schabernack gespielt und manche Tracht Prügel verabfolgt hatten. Er hatte immer den Eindruck, daß man ihn nicht so ganz für voll nahm. Und so hat er sich in den Kopf gesetzt, abzumustern und an Bord eines anderen Schiffes die nächste Reise zu machen. Hoffentlich hatte der Alte nichts dagegen. Aber über das Gesicht seines Vaters ging nur der flüchtige Schein eines Lächelns. Er mochte daran denken, daß er einst es nicht anders gewollt hatte. So war er einverstanden, daß der junge Vollmatrose die nächste Fahrt mit Kapitän Bradhering machte. Das wurde eine lange Reise, und zwei Winter vergingen, ehe der Matrose Jan Staven wieder auf dem Fischland erschien.

Und nun kam die Zeit, wo er regelrecht die Steuermannschule besuchen sollte. Das wurde ihm nicht schwer, denn er hatte allmählich Interesse an der Navigation bekommen. Der Vater hatte ihn schon in der Handhabung des Sextanten unterwiesen. Er war ein stiller, ein wenig zurückhaltender und doch aufmerksamer Beobachter, der die Anordnungen seines Schiffers und der Steuerleute nicht einfach hinnahm, sondern sich nach dem Wieso und Warum fragte, oft auch einmal im stillen meinte, daß er es anders und vielleicht besser gemacht hätte. So saß er denn bald in der fröhlichen Schar der jungen Leute, die den Winter über ihre Kurse durchmachten. Und das Examen machte ihm keine besonderen Schwierigkeiten. Nicht ganz so leicht fiel es ihm, sich nunmehr in die Rolle des Steuermanns zu finden. Aber er hatte Glück. Er kam als zweiter Steuermann an Bord der großen neuen Bark, die sein Onkel eben übernommen hatte.

Der neue Dienst fiel ihm nicht schwer. Er wunderte sich selber, wie rasch er sich daran gewöhnte, anzuordnen und zu befehlen.

Und er hatte das Glück, daß er in dem älteren Steuermann einen angenehmen Kollegen hatte, der die nötigen Maßnahmen mit ihm besprach, so daß es nicht viel Reibereien zwischen ihnen beiden gab, wie sie auf vielen Schiffen herrschten und den jungen Steuerleuten oft das Leben zur Hölle machten. Und der Schiffer war ein tüchtiger und erfahrener alter Kapitän, ein bißchen kurz angebunden, aber gerecht, der seinen Steuerleuten freie Hand ließ, sobald er sah, daß sie ihren Kram verstanden und auch ihren Dienst machten. Nur der Besatz konnte ihm nicht gefallen. Es waren alles ältere Leute, die schon lange mit seinem Onkel gefahren waren und von dessen alter Brigg auf die neue Bark übernommen waren. Es war nicht leicht, mit ihnen umzugehen, denn sie waren dickköpfig, und in Sonderheit der Bootsmann, der weit älter war als die beiden jungen Steuerleute, machte ihnen zu schaffen. Auch ein paar ältere Maaten fühlten sich als zum Inventar gehörig und machten auch in ihrem Betragen kein Hehl daraus, daß sie den „Lütten" nicht ganz für voll nahmen. Der erste Steuermann hieß „de Grot", und das war ein wunderlich Ding, denn er war von Statur breitschultrig und untersetzt, während Jan Staven, hager und hoch gewachsen, ihn um Haupteslänge überragte. Der Kapitän schien so ein bißchen Rivalität zwischen der Mannschaft und seinen Steuerleuten ganz gern zu sehen. Er spielte sie gegeneinander aus und sorgte nur dafür, daß ihm beide Teile nicht über den Kopf wuchsen. Die Folge war, daß sich die beiden Steuerleute die Mannschaft vom Leibe hielten, kurz und knapp ihre Anordnungen und Befehle gaben und ihrerseits bedacht darauf waren, daß sich die Leute nichts bei ihnen herausnahmen. Das fiel Jan Staven zuerst nicht ganz leicht. Er war es durch Jahre gewohnt gewesen, immer in Gesellschaft zu sein. Nun fühlte er sich zunächst unbehaglich, daß er niemanden hatte, mit dem er umgehen konnte.

Doch da er von Natur schweigsam und zurückhaltend war, kam er bald darüber hinweg. Er gewöhnte sich daran, mit dem ersten Steuermann zusammen allein zu essen, während der Kapitän in seiner Kajüte speiste. Er sollte bald noch einsamer werden. Denn in St. Thomas wurde der ältere Steuermann krank und mußte ins Hospital geschafft werden. Und da sich kein Ersatz fand, setzte die Bark mit einem Steuermann die Reise fort.

Drei Jahre war er mit seinem Onkel gefahren. Er hatte sein Schifferexamen bereits bestanden und fuhr nun als erster Steuermann an Bord eines englischen Barkschiffes, denn sein Onkel hatte sich, als er älter wurde, mehr und mehr auf Fahrten ins Mittelmeer und nach England beschränkt, und der junge Steuermann wollte Erfahrungen sammeln und drängte weiter hinaus. Zweimal war er um das Kap Horn gefahren, nach Australien und einmal in die westindischen Gewässer. Da rief ihn ein Brief unerwartet von London aus heim. Sein Vater war an einem hitzigen Gelenkrheumatismus erkrankt und wollte die Seefahrt aufgeben. So trat er ihm das Schiff ab, in dem er einen größeren Anteil an Parten stehen hatte, und nunmehr wurde Jan Stavens Wunsch erfüllt: er fuhr sein eigenes Schiff. Mit einem gewissen Gefühl der Feierlichkeit begann er sein Schiffsjournal, saß hinter Rechnungen und Papieren und spürte zum erstenmal die ganze Schwere der Verantwortung, die der Schiffer trägt. Nicht nur um die Führung des Schiffes, um die Navigation. Die hatte er in seiner letzten Stellung schon zum guten Teil auf seinen Schultern gehabt. Denn der englische Kapitän war alt und ein wenig lässig gewesen und war zufrieden, daß der schweigsame, energische junge Steuermann alle Anordnungen traf, die die Schiffsführung erforderte. Nur in den Häfen war er lebendig geworden. Dort hatte er die Kontrakte abgeschlossen, und oft war es Jan Staven vorgekommen, als sei der Alte weit mehr Kaufmann als Schiffer. Oft hatte er ihn im Stillen ein wenig über die Achsel angesehen, wenn er mit den Befrachtern handelte und feilschte und strahlender Laune war, wenn er ein paar Pence mehr für die Tonne erhalten hatte, als man ihm geboten. Jetzt spürte er mit leiser Beschämung, daß es besser gewesen wäre, wenn er sich auch hierum mehr gekümmert hätte. Aber das dauerte nicht lange. Als er erst ein paarmal dahintergekommen war, daß man ihn übervorteilt hatte, entwickelte sich bei ihm der zähe, schlaue Geschäftsgeist, der von altersher dem Fischländer eigen ist. Und mit der Zeit wurde der schweigsame, energische Fischländer ein Schrecken für alle, die mit ihm geschäftlich zu tun hatten. Denn er sah auf den Pfennig und wurde ungemütlich, wenn er nicht prompt und gut bedient wurde. Nur an einem Punkt hörte der Kaufmann bei ihm auf: Er zahlte hohe Heuer und hielt auf gutes Essen an Bord. Dafür verlangte er freilich auch das Letzte von seiner Mannschaft. Doch er betreute sie wiederum in allen Fällen von Krankheit und Unfall, so daß die Rede aufkam, er habe eine Passion dafür, einen Knochenbruch zu schienen oder einen Furunkel zu öffnen. Niemand ahnte, daß er hinterher in seiner Kajüte sich ein großes Glas Branntwein einschenkte, den Schweiß von der Stirne wischte und umständlich die Hände wusch. Es ging ihm hier wie überall: je verhaßter ihm eine Angelegenheit war, mit umso wilderem Eifer trat er an sie heran und suchte sie sich vom Leibe zu schaffen.

Drei Jahre war er als Schiffer gefahren. Da hatte er ein seltsames Erlebnis. Kaum daß er jemals an seine eigene Lehrzeit zurückgedacht hatte. Aber als er wieder einmal von Rostock ausgelaufen war und im Drang der Geschäfte ganz vergessen hatte, daß ein neuer Kochsjunge angeheuert war, öffnete sich die Tür und vor ihm stand, halb ehrfürchtig, halb ihn mit Jungenschläue musternd, der neue Kajütenjunge, um den Tisch zu decken. Die beiden Augenpaare trafen sich, und über das ernste Gesicht des Schiffers ging ein ganz leises Lächeln. „Sieh an, Jan", dachte er plötzlich, „wie lange ist das her, daß du so vor deinem Schiffer standest?" Er begann nachzudenken. Fünfzehn Jahre! Wirklich schon fünfzehn Jahre. Vielleicht würde der blondköpfige Schleif, der barßbeinig mit dem Geschirr hantierte, in fünfzehn Jahren auch auf der Back stehen und ein Schiff kommandieren. Und er nahm sich vor, ihm tüchtig auf die Finger zu passen. Und dieser Vorsatz setzte sich gleich in die Tat um. „Du Ferkel", sagte er streng, „wenn du noch einmal mit so ungewaschenen Pfoten in die Kajüte kommst, setzt es etwas! Verstanden?"

KAPITEL 11
Fischländer Schiffahrt im Kreislauf des Jahres

Im Ribnitzer Moor blüht der Gagel. Die Pümpe und Gräben sind eisfrei, und der scharfe Ost treibt den Staub der Straße weit in das braune Moor. Auf dem sandigen Weg von Wustrow nach Ribnitz zieht eine wunderliche Karawane. Lastwagen, schwer beladen mit Fässern, Kisten und Säcken und dahinter und zur Seite eine lange Reihe von Männern in Flauschjacke und blankem Wachstuchhut. Melancholisch steigt in den blanken Frühlingshimmel das alte Fischlandlied empor:

Hurra, dat Leben geiht nu an!

Dei Strom geiht up, Matrosen ran!

Und fix und flink tau Buard,

De Schippers führn am leiwsten an

(Die Schiffer heuern am liebsten an)

Von Fischländer Oard.

Ohe-i-ho-ho-i-ho!

Wi Fischländer sind do.

Juchho!

Es sind Fischländer Schiffer und Matrosen, die sich zum Aufbruch der Segelschiffahrt nach Rostock begeben.

Unterwegs stoßen ähnliche Züge aus Dändorf und Niehagen zu ihnen. Denn wie der Stranddorn über den Dünenhafer, so war die Schiffahrt über den Beruf der Fischer und Bauern hinweggewuchert. War zuerst nur Wustrow ein Schifferdorf geworden, so wandelte sich Althagen in der gleichen Weise. Hier wuchsen die Häuschen der Steuerleute empor. Aber bald gelang auch dem einen oder dem anderen der Übergang zum Schiffer. Nicht anders war es in Dändorf und Dierhagen. Die Dändorfer in Sonderheit betrachteten sich bald als den Wustrowern ebenbürtig. Ihre Flotte lag in Wismar. Sie waren besonders tüchtige Kaufleute und behaupteten von sich, daß ihre Schiffe länger aushielten. Das käme daher, daß sie sie rechtzeitig zum zweitenmal neu verkupfern ließen, ehe das Wasser der tropischen Meere die Planken zu sehr angegriffen habe. Auch in Ribnitz wohnen jetzt Schiffer, und bis weit in die Dörfer der Rostocker Heide hinein geht alljährlich ein Teil der Männer im Frühjahr an Bord und kehrt im Spätherbst zurück. In Rostock heißen alle diese Schifferdörfer: die vereinigten Staaten von Mecklenburg. Nur die Darßer nimmt man nicht ganz für voll. Von hier kommen auch hauptsächlich nur Matrosen. Aber man sagt ihnen nach, sie seien roh und abergläubisch, und wirft ihnen Sittenlosigkeit vor.

Den ehrbaren Fischländern mißfiel es höchstlich, daß die Frauen der Darß-Mannschaften, wenn die Wustrower Schiffe vor Wustrow auf Reede lagen, oft herüberkamen an Bord, in den Dünen hausten, um ihre Männer zu besuchen, wobei es wohl oft nicht sonderlich sittsam zugegangen sein mag. Aber sie gehören auch zu den Schiffsleuten, die mit der steigenden Sonne nun nach Rostock strömen. Als sie im Hafen ankommen, ist auch hier alles in regster

Tätigkeit. Die Schiffe, die über Winter am Bollwerk festgezorrt lagen, oder draußen an den Duckdalben, je drei oder vier bewacht von einem Wächter, werden seeklar gemacht. Die Stengen sind wieder auf die Masten gesetzt, die Raahen emporgehißt. An Deck riecht es nach Teer, Ölfarbe und Lack, und die letzten Beschläge werden vom Schiffsschmied, die letzten Ausbesserungsarbeiten vom Schiffszimmermann fertiggestellt. Vom Ortsund, wo die alte Waage steht, fahren die schweren Wagen mit den Tauen und Leinen heran, die dort gewogen sind, und diese werden an Bord übernommen. An den beiden Ballaststätten bei Haedges-Garten und drüben an der Gehlsdorfer Brücke werden eifrig Sand und Steine von den „Ballastschuwers" eingeschaufelt und angefahren. Am Strand findet ein entsetzlicher Schweinemord statt, die Mannschaften selber gehen den Schlachtern zur Hand und salzen die Fleischstücke ein. Säcke von Graupen, Reis und Erbsen werden übernommen und verstaut, die Stimmen der Leute gehen laut und lärmend, die der Schiffer und Steuerleute breit und gewichtig über Deck und Bollwerk.

Karfreitag haben alle Schiffe im Hafen über Topp geflaggt: feierlicher Kirchgang des ganzen Schiffsvolkes, dann um Ostern herum, wenn der Wind günstig ist, geht es im dichten Geschwader über den blanken Spiegel des Breitlings nach Warnemünde. Dort sind Frauen und Kinder eingetroffen. Noch einmal wird kurz mit wenigen Worten Abschied genommen. Da man jedes Feueranmachen an Bord möglichst vermeidet, wird in den dortigen Kochhäusern Reis und Pflaumen gekocht, und sobald der Wind günstig ist, schiebt sich Schiff für Schiff heraus, dippt die Flagge, holt über und nimmt den Kurs nach Osten in See. Mitunter aber läßt der Wind auf sich warten, oder die Ware wird noch von Leichtern von Rostock über den Breitling herangebracht, denn der Strom der Warnow ist seicht und muß immer wieder durch Baggern auf die nötige Tiefe gebracht werden. Dann ist ein lustiges Leben in dem Kleinen Hafenort. Die Matrosen ziehen in Scharen durch die Straßen, Musik spielt auf, und die schönen alten Schifferlieder erklingen. Abends treffen die Kapitäne in den Wirtshäusern zusammen, und auch von der Mannschaft gehen viele an Land. Ungeduldig wartet alles auf den ersehnten Wind. Wenn auch nur eine leichte Brise aufspringt, von der man spürt, daß sie bald wieder einschläft, so gehen die Fischländer trotzdem hinaus und ankern auf der Reede vor Wustrow. Dort hilft die Mannschaft in den Gärten und auf den Feldern beim Graben, bis endlich stetiger Fahrwind herrscht und ein Schiff nach dem anderen im silbernen Blau der Ferne verschwindet.

Das Dorf bietet nun mehr und mehr den Anblick, der für das 19. Jahrhundert charakteristisch ist. Abgesehen von wenigen Bauern sieht man nur Frauen, Kinder und Greise in den Gärten und auf den kleinen Äckern an der Arbeit. Alle rüstigen Männer und alle Jungen über 14 Jahre sind auf See. Und das Dorf selber hat ein anderes Aussehen bekommen. Immer mehr schmucke Schifferhäuschen haben sich zwischen die alten Bauernhufen geschoben. Die Fischerei selber ist zurückgegangen und wird hauptsächlich von alten Fahrensleuten, die die Schiffahrt aufgegeben haben, betrieben. Schon das Äußere der Häuser verrät, daß die karge Zeit allmählig vorüberging. Waren die alten Wohnungen der Schiffer noch klein und niedrig und zum großen Teil mit Stroh gedeckt, so beherrschen mehr und mehr schmucke und fest gebaute Häuser mit Ziegeldach und Œil-de-bœuf-Fenstern* das Bild der Straße. Vor ihnen liegt der peinlich sauber gehaltene Garten, in dem Ringelblumen, Nelken, Kaiserkronen und Feuerlilien blühen und dessen Steindamm allsonnabendlich sauber mit weißem Sand ge-

* Ochsenauge, auch Rundfenster oder Oculus

streut wird. Aus einer Fliederlaube, die in dicken Knospen steht, leuchten sauber gestrichene Bänke und Tische hervor, wie überhaupt alle Holzteile des Hauses alljährlich sorgfältig mit Ölfarbe gestrichen werden, wie es der Seemann von Bord her gewohnt ist. Die blitzenden Fensterscheiben aus holländischem Glas hat der Hausherr selber mitgebracht. Der Flur ist in den neueren Häusern mit feinen Fliesen belegt, und die Ausstattung der Zimmer, die schönen alten aus Mahagoni und Birke gearbeiteten Möbel zeigen einen gediegenen Wohlstand. Von einer fast holländischen Sauberkeit berichten Besucher des Dorfes und heben so den Gegensatz hervor gegenüber den zurückgebliebenen Bauerndörfern des Landes, Schon, wenn wir in die Häuser eintreten, zeigt sich überall, daß sie von Seeleuten bewohnt werden. Muscheln aus fremden Meeren liegen vor den hohen Wandspiegeln. An der Wand hängen Harpunen und Bootshaken, und das Geschirr des Hauses kann uns erzählen von den Fahrten, die der Hausherr unternommen hat. Schöne englische Fayancen, Oldchina-Service, holländische bauchige Zuckerdosen in schwerer Silberarbeit und ab und an ein blank geputzter russischer Samowar weisen uns die Richtungen, in die damals die Fischländer Schiffahrt ging Am weitesten getrieben ist dieser Prunk in der Küche. Alles blitzt und funkelt, Messing, Kupfergeschirr, als ob es überhaupt nicht gebraucht würde. Und so ist es in der Tat. Diese Staatsküche wird den ganzen Sommer über nicht benutzt und steht wirklich nur zum Staat da. Dafür kocht und ißt die ganze Familie in der kleinen, primitiven Küche des Anbaues neben Waschküche und Stall und bewohnt ein oder zwei nach hinten liegende Kammern. Und solange der Hausherr fern ist, lebt die Familie so karg und bescheiden, eigentlich nur aus Stall und Garten, daß wir sogleich merken, die Fischländerin setzt ihren Stolz darein, von dem Wirtschaftsgeld, das ihr der Mann hinterlassen hat, für sich zu sparen. Taler auf Taler legt sie beiseite, arbeitet unermüdlich im Garten und auf dem kleinen Felde. Und grüne Bohnen zu essen gilt fast als Luxus, da sie doch ein so vorzügliches Mittel sind, um das Schwein im Stall rund und rosig zu mästen. Man lebt von Pellkartoffeln und Fisch, allenfalls Eiern, und offenbar bekommt es der Jugend gut, denn der Fischländer Menschenschlag ist hoch gewachsen und stämmig und von jener robusten Gesundheit, die der Seemann nun einmal braucht. Von frühester Jugend an spielen die Kinder am Strande, lernen Ruder und Segel handhaben und werden mit der See vertraut, die ihnen später ihr Brot geben soll. Bei allem aber, was die Frau tut, hängt sie ständig im Wetter. Der alte Segelschiffer mußte weit mehr als heute in der Dampferzeit mit dem Wetter und seinen Launen vertraut sein. Jede aufziehende Wolke, die besondere Färbung der Luft, ob sie klar oder diesig war, selbst der Klang der Wellen waren ihm unbewußt stets gegenwärtig, auch den Frauen, die ihre Männer auf See wußten und allen Launen des wechselnden Elementes ausgesetzt. Damals war Wustrow noch ein weltfernes Küstendorf. Und doch verfolgte man sorgfältig alle Nachrichten über Schiffsbewegungen und Meldungen über Stürme und Windverhältnisse in der Ost- und Nordsee.

Langsam rinnt der Sommer dahin. Mitunter ist ab und an ein Schiff zurückgekommen, hat ein paar Tage in Rostock oder Warnemünde gelegen, um wieder hinauszugehen. Jetzt wird es Herbst. Die Aquinoktien sind vorüber. Die See wird unruhig, stürmisch. Länger als sonst brütet der Nebel über der grauen Weite. Die Frauen daheim liegen manche Nacht schlaflos, wenn der Sturm über die Dächer geht, und denken des Gatten, der Söhne, deren Rückkehr man erwartet. Wenn lange keine Nachricht kommt, dann geschieht es wohl, daß sie eines Tages in grauer Frühe aufbrechen mit einem Tragkorb, in dem ein paar Pfund Butter, Gänse oder Eier liegen, und den Weg nach Rostock unter die Füße nehmen. Sie gehen barfuß, und erst wenn sie an den Rand der Stadt kommen, werden Schuhe und Strümpfe aus dem Korb hervorgeholt und angezogen. Dann schlägt man die Ware los auf dem Markt oder bei bekannten Familien und horcht nun herum, was für Nachrichten über eingelaufene Schiffe und über das Wetter draußen im Kanal oder auf der Nordsee hereingekommen sind. In jener Zeit sind die Fischländer noch nicht so reich wie später. Manche Frau eines jungen Steuermannes oder der verheirateten Matrosen muß es sich redlich sauer werden lassen. Fleißig und sparsam sind sie immer gewesen, jetzt umsomehr, als sie spüren, daß sie vorankommen, aber auch, weil ihnen bewußt ist, wieviel ein Schiff an Ausgaben verschlingt. Weil sie jeden Pfennig und jeden ersparten Taler an das Fahrzeug wenden, sind sie vorangekommen. Und nur das Schiff, das stets in Ordnung erhalten und repariert, mit guten festen Segeln und Tauwerk versehen wird, bietet die Sicherheit, die jeder redliche Schiffer sich und seiner Mannschaft schuldet. Sie mögen recht müde gewesen sein, wenn sie am Abend wieder in Wustrow ankamen. Vielleicht war ihre Sorge ein wenig geringer geworden, vielleicht auch schwerer. Auf alle Fälle aber füllten wieder einmal ein paar Taler ihre Kasse. Und wenn es geschehen sollte, daß der Mann zurückkam, nachdem er sein Schiff verloren hatte, mit Nichts als dem, was er auf dem Leibe trug, dann würde die Frau ihm beim Abendessen still einen Beutel mit ersparten Talern, vielleicht Dukaten, unter die Serviette legen, damit man wieder von vorne anfangen konnte, mit einem bescheidenen Part in einem kleinen Schiff.

Nun ist Allerheiligen vorüber. Langsam füllt sich der Rostocker Hafen. Schiff für Schiff zieht durch den alten Strom, den Steinkistendamm entlang in den Breitling ein und macht am Bollwerk oder den Duckdalben fest. Wieder wird die Ladung gelöscht, man nimmt die Stengen von den Masten, die Segel werden beigestaut, und dann geht es heim. Und nun herrscht ein ganz anderes Leben in den Dörfern des Fischlands. Die guten Stuben sind geheizt. Es ist geschlachtet und hergerichtet. Der Hausherr selber hat ein Fäßchen mit Kaviar, holländischen Käse, Jamaika-Rum oder französischen Wein mitgebracht. Fröhliche Gastereien finden statt, man besucht sich reihum bei den Verwandten, die Männer tauschen ihre Erfahrungen aus, Geschäfte werden abgeschlossen: man würde das stille Dorf nicht wiedererkennen jetzt, wo es randvoll fröhlicher Menschen ist. Dann findet alljahrlich der Schifferball statt. Die Pärchen finden sich zueinander, und die Alten helfen ein wenig nach, wie es in jedem Dorf ist, wo nun einmal der Grundsatz herrscht, daß Geld bei Geld bleiben muß. Zu den besonderen Belustigungen der Winterzeit gehört auf dem Fischland neben der Jagd auf Wildgans und Schwan vor allem das Eissegeln. Ein paar breite Boote sind auf ein Gestell mit drei eisernen Kufen gesetzt. In sausender Fahrt geht es über den Bodden, Regatten werden abgehalten und Preise verteilt.

Aber nicht alle Schiffe kehren zurück. Wenn Allerheiligen und Allerseelen vorüber sind, schweifen mit immer größerer Sorge die Blicke und Gedanken der Angehörigen derjenigen Schiffe, die noch nicht zurück sind, über den grauen Wogenschwall: Wie ist das Wetter im Skagerrak, wann ist der „Poseidon“, der „Agamemnon“ oder wie die schweren eichenen Schiffe sonst heißen, aus Newcastle, aus Falster oder von Irland abgegangen? Das sind Fragen, die ihre Herzen bewegen. Wer jetzt nicht hafenbinnen ist oder von dem keine Nachricht kommt, daß er irgendwo draußen, vielleicht wegen schwerer Havarie Nothafen angelaufen hat, den hat die salzene See behalten. In der niedrigen, wuchtigen Schifferkirche in Wustrow brennen Lichte auf dem Altar. Zweimal Bittgottesdienst, dann – ein Trauergottesdienst: Navigare necesse est, vivere non est!

Und doch geht das Leben seinen Gang. Der Junge wird zur See gehen, wie Vater und Großvater. Denn auf dem Fischland ist man etwas – dann ist man Seemann. Oder man ist nichts.

KAPITEL 12
Von Schiffsbau und Partenreederei

Kapitän Niemann lächelt. Über die Zeitung gebückt, scheint er in eifrige Lektüre versunken. Aber seine scharfen Augen sehen über den Rand des Blattes hinweg in den Spiegel und werden gewahr, wie sich sein Jüngster zu der Fahrt nach Rostock bereit macht. Er hat seinen Staatsrock angezogen und fährt noch einmal mit der Bürste über das straffe, blonde Haar, wirft einen Blick in den Spiegel, und nun wäre es so weit. Auf dem Tisch liegt seine Mappe mit einem stattlichen Bündel von Papieren. Er öffnet sie noch einmal, blättert rasch einmal hin und her, um sich davon zu überzeugen, daß er alles bereit hat. Und dann greift er zum Hut und Stock.

„Grüß Witte von mir", sagt der Alte hinter seiner Zeitung heraus, „und Glück auf den Weg!"

Als der junge Steuermann gegangen ist, legt Kapitän Niemann das Blatt beiseite und zündet sich eine Zigarre an. Sinnend sieht er in den Rauch. „Ja, ja, es war ein wichtiger Schritt, wenn so ein junger Steuermann versuchte, zu einem eigenen Schiff zu kommen. Es war nicht mehr wie in den alten Zeiten, wo das Kapital eines Kreises von Verwandten zusammen mit dem, was man sich selber erspart hatte, ausreichte, um ein Schiff auf Stapel zu legen. Dazu gehörte mehr Geld, denn die Schiffe waren größer geworden, und es ging auch nicht mehr an, daß der Kapitän sich allein um die Frachten, überhaupt um die ganze Verrechnung bekümmerte. Freischiffer – so nannte man die Kapitäne, denen das Schiff ganz und gar selber gehörte, die also ihre eigenen Reeder waren – gab es kaum noch. Das Frachtgeschäft wurde komplizierter, man konnte es nicht darauf ankommen lassen, ob man in dem Hafen, wo man entladen hatte, wieder neue Fracht bekam, und die Verrechnung in fremden Münzsorten, das Überweisen durch Wechsel oder in bar Geld, die Fragen des Agio und Disagio – das alles verlangte eine kaufmännische Leitung. So war man zum Korrespondentreeder gekommen. Und die Bedeutung dieses Genossen innerhalb der gesamten Partenreeder nahm an Einfluß ständig zu. Er sorgte für die nötigen Frachten und Aufträge, er beriet den Kapitän in allen kaufmännischen Dingen, vor allem in fremden Häfen, an ihn gingen die Überschüsse des Frachtverdienstes, und auf ihn zog man Wechsel, wenn man in einem fremden Hafen Geld brauchte. Er berechnete Kosten und Unkosten und verteilte die Erträge an die einzelnen Partenreeder. Er war ebenso wie der Kapitän mit einem größeren Anteil am Schiff beteiligt und bekam für seine Mühewaltung ebenso wie der Kapitän einen bestimmten Anteil vom Bruttogewinn. Dieser Anteil betrug beim Kapitän 5 vom Hundertundfünf. Diesen Anteil nannte man Kaplaken, und ein Kapitän, der tüchtig war und ein wenig Glück hatte, verdiente an ihm oft mehr als an seiner ihm zustehenden Heuer. Ein Korrespondentreeder hatte gewöhnlich mehrere Schiffe, die er betreute, und da er auch ständig Gelder unterzubringen hatte, so wandte man sich an ihn, wenn man ein Schiff neu bauen wollte. Er brachte dann die Partenreeder zum Teil zusammen, soweit man sie nicht selber vorher an der Hand hatte, und oft genug schoß er einem jungen Kapitän, der nicht Bargeld genug für die mindestens 10 Prozent der Partensumme hatte, das Geld gegen Schuldschein vor, wenn er ihn für tüchtig und zuverlässig hielt. Er setzte dann eine Missive auf, in dem er ankündigte, daß der Kapitän gesonnen sei, ein Schiff von soundsoviel Last zu erbauen und dementsprechend mit dem Schiffsbauer einen Kontrakt für das Fahrzeug abgeschlossen habe, daß er das geschätzte Publikum einlüde, sich an diesem Unternehmen zu beteiligen, und daß Parten der Bausumme, zwischen einem Viertel bis zu einem Vierundsechzigstel gestaffelt, hiermit dem Publikum offeriert würden. Es war ein wichtiger Augenblick im Leben des jungen Kapitäns, wenn er das folgenschwere Dokument mit der Unterschrift des Reeders in Händen hielt und seinen eigenen Namen daruntersetzte, um nunmehr zu versuchen, in den Kreisen der ihm bekannten Geschäftsleute die Parten zusammenzubringen.

Kapitän Niemann sah in den Rauch seiner Zigarre und seufzte ein wenig. Es war leichter gewesen früher, als noch mehr Verlaß auf die Menschen war. Er entsann sich ganz genau, wie er bei dem Bau seiner ersten Brigg die Zusagen der beteiligten Reeder mündlich bekommen hatte und wie, als der Einzahlungstermin da war, das Geld prompt entrichtet wurde. Und der alte Schiffszimmermann Ramm, mit dem hatte er einen kurzen Kontrakt aufgesetzt über Größe des Schiffes und den Termin der Ablieferung sowie über die Summen, die jeweils einzuzahlen waren nach Streckung des Kiels, Vollendung der Spanten, Beplankung, bis zum Abschluß des Baues. Und er hatte sich darauf verlassen können, daß alles gut und innerhalb der verabredeten Zeit vollendet war. Er hätte es gar nicht nötig gehabt, wie ihm sein Kontrakt vorschrieb, den Bau zu überwachen. Auf Ramm war Verlaß. Jetzt war das schon anders. Man mußte den Werften auf die Finger sehen und war öfter in Rostock, als einem lieb war. Hinterher gab es dann Scherereien mit dem Korrespondentreeder über die Reise- und

Tagegelder, die der Kapitän aufzuwenden hatte. – Nun, der Junge mußte wissen, wie es stand, und eine Beruhigung war es, daß auch die „Ceres“ wieder auf der Rammschen Werft gebaut wurde.

Während der Vater so mit seinen Gedanken allerhand Sorgenwölklein in der Zukunft sah, war dem jungen Steuermann das Herz hochgeschwellt, als er nach Erledigung aller geschäftlichen Besprechungen mit seinem Korrespondentreeder nun endlich die Missive mit dem schön geschnörkelten Einleitungsbuchstaben bekommen hatte. Lichter hatten auf dem Tisch gebrannt, man hatte ein paar Gläser Franzwein dazu getrunken, und dann war der junge angehende Kapitän von dem alten Kaufmann wohlwollend verabschiedet worden und hatte eine ganze Anzahl von Namen genannt bekommen, von denen er annehmen durfte, daß sie sich an dem Reedergeschäft auf Empfehlung seines Korrespondentreeders beteiligen würden. Nicht nur Kaufleute aus Rostock und Handwerker, die an dem Bau beteiligt waren, sondern auch Landleute, Bauern aus der Umgebung waren unter denen, mit deren Beteiligung er ziemlich zuversichtlich rechnen konnte.

Und nun stand er vor der Werft des alten Ramm. Er hatte es seinem Vater versprochen, bei ihm bauen zu lassen, sonst hätte er vielleicht lieber bei der neu errichteten Tischbeinschen Werft den Bau in Auftrag gegeben. Als er das Werftgelände betrat, da waren das erste, was er mit Wohlgefallen sah, die großen und wohlgepflegten Stapel von Holz. Darauf kam viel an. Sieben Jahre sollte durchweg das Holz abgelagert sein, ehe man es in ein Schiff verbauen konnte. Und wenn ein Schiffszimmermann nicht genügend ausgereiftes Holz verwandte, so beeinträchtigte das nicht nur die Haltbarkeit des Rumpfes, sondern durch das starke Arbeiten der jungen Balken und Planken konnte es sogar geschehen, daß sich die feste Form verzog. Nun, also das Holzlager war gut, und das geschäftige Treiben auf Zimmerplatz und Helligen ging flott und doch ohne Hetze. Und was dort auf Kiel gelegt war, zeigte gute Form und sorgfältige Arbeit.

Und dann stand der Kapitän vor dem alten Schiffszimmermann. Er bestellte den Gruß seines Vaters. Der Alte nickte vor sich hin. „Das war Anno 1831“, sagte er. „Das Schiff hat mein Vater gebaut. Gott hab ihn selig! Hat mich immer gefreut, daß es gute Reisen gemacht und nie ernstlich Havarie gehabt hat. Und nun wollt Ihr eine Bark. – Gut! Wieviel Last?“ – Und als der Kapitän Bescheid gegeben hatte, nickte er und machte sich ein paar Notizen. „Gut – wenn wieder Frühjahr wird, ist der Rumpf fertig. Euer Vater hat seinerzeit meinem Vater alles anheimgestellt. Aber ich nehme an, Ihr habt auch wohl eigene Wünsche.“

Die hatte der junge Kapitän nun allerdings. Es gab ein langes Planen, und es war nicht so einfach, wie er es sich vorgestellt hatte. Bei mancherlei sagte ihm der Alte sehr ernst: „Hören Sie zu, Kapitän, ich könnte Ihnen das so bauen, wie Sie es wollen. Aber das wäre unrecht. Sie würden keine Freude dran haben und meine Werft keine Ehre. Und überdies muß ich sagen, daß Sie die Bausumme überschreiten würden, ohne einen wirklichen Nutzen zu haben. Verlassen Sie sich drauf, ich baue Ihnen das Schiff so, daß Sie zufrieden sein sollen. Aber ein wenig müssen Sie mir freie Hand lassen.“

Als der junge Kapitän die Schiffswerft verläßt, geschieht es mit etwas gemischten Gefühlen. Er hatte nachgeben müssen in manchen Sonderwünschen und hatte doch die Empfindung, daß der Alte es gut meinte. Aber pinselig schien er ihm und eigenwillig. Das war ja fast so, als ob er, der Schiffszimmermann, bestimmte, wie das Schiff gebaut werden solle!

Drunten am Hafen trifft er seinen Freund Mordhorst und lädt ihn zu einem Trunk ein. Und als sie nun einander gegenübersitzen, schüttet er ihm sein Herz aus. Aber Mordhorst lacht. „Gib dich zufrieden! Wenn ich dir einen guten Rat geben soll, laß Ramm gewähren! Was er baut, hat Schick und ist zünftig. Und was er nicht bauen will, das soll man besser unterwegs lassen. Du kennst den klugen Franz Meier. Der kam mit Ramm nicht zurecht. Er kam auch mit anderen nicht zurecht. Aber dann fand er in Stettin eine Werft, die ihm seine Brigg so baute, wie er sie haben wollte. Aber viel Freude hat er nicht dran gehabt. Er kam um 20 Prozent über den Voranschlag hinweg. Und was er an veränderten Ladeluken und an seinen Heckfenstern sich nach eigenen Entwürfen einbauen ließ, hat er nach den ersten Reisen umbauen lassen. „Hätt' ich dem alten Ramm nur freie Hand gelassen! Ja, hätt' ich ..." – Jetzt heißt er Hätt'-ich-Meier! – Laß du den Alten nur machen."

Als Christian Niemann das nächste Mal in Rostock war, war der Eichenkiel gestreckt und die Steven gefügt. Der Frühling ging mit Brausen über die Werft. Es roch nach Holz und Teer. Eine gewaltige Schar von Bohlensägern war angetreten, mächtige Kerle in weißen Hosen, die im Akkord die zollstarken Eichen- und Buchenbohlen mit der Handsäge aus den abgelagerten Stämmen schnitten. Der gewaltige Kessel raucht, in dem das Holz gekocht und zum Biegen vorbereitet wird. Der weite Zimmerplatz hallt wider von den Schlägen der Hämmer, mit denen man die Bolzen und Nieten hindurchtreibt, die Bohrer kreischen, und über dem allen liegt der unbeschreibliche Duft, der aus dem frisch bearbeiteten Holze aufsteigt. Der Schiffszimmermann lächelt, als er dem Kapitän gegenübersitzt. „Ich glaub', ihr könnt zufrieden sein. Oder habt ihr etwas auszusetzen?"

Als der andere verneint, zwinkert er ihm zu: „Früher hatten wir nämlich die Fischländer ein bißchen auf dem Kieker. Das war vor über einem Menschenalter. Davon hat mir mein Vater erzählt. Wenn die alten Muttlandschiffer herüberkamen und ihre Fahrzeuge standen in den Spanten, so wunderten sie sich, daß diese so hoch waren. Und wenn wir ihnen dann erklärten, daß sie selbstverständlich verkürzt würden, daß wir das aber erst täten, wenn der letzte Plankengang bis zum Deck hin angeschlagen wäre, dann fingen sie an zu barmen. Es tat ihnen das schöne Eichenholz leid, das, wie sie meinten, nutzlos abgesägt würde, und das Ende vom Liede war, wir mußten die Spanten in voller Länge stehen lassen, und der Rumpf wurde viel zu hoch. In Wirklichkeit war es natürlich nur der Geiz. Sie wollten den Laderaum so tief als möglich haben. Das kriegten sie ja auch auf diese Weise. Aber, mein Gott, wie sahen die Pötte aus! Und was sie an Laderaum gewannen, verloren sie an Geschwindigkeit. Überhaupt segelten sie schlecht, weil der Rumpf viel zu viel Widerstand gegen den Wind bot. Es war ein wahrer Jammer. Aber es war nicht möglich, sie von ihrer Unvernunft abzubringen. Ja, so waren die Muttländer, Kapitän Niemann. Hinter dem Schilling her, wie der Teufel hinter der armen Seele. Es liegen noch ein paar von diesen ungefügen Pötten hie und da im Hafen. Na, den Kummer werden Sie mir ja nicht machen."

Nein, den Kummer machte der junge Steuermann dem alten Schiffszimmermann nicht. Liebte er doch jetzt schon mit einer fast zärtlichen Liebe sein Schiff, das dort auf der Werft langsam emporwuchs. Und wenn er so oft nach Rostock herüberkam, so geschah das nicht, weil er glaubte, den alten Ramm beaufsichtigen zu müssen, sondern weil er seine Augen weiden wollte an dem Schiff, an seinem Schiff, das der Vollendung entgegenwuchs. Saß er am Abend wieder in seinem Stübchen daheim, so nahm er ein dickes, in buntes Lackpapier eingebundenes Buch hervor und trug genau mit Datum ein, wie weit der Bau des Schiffes fortgeschritten war. Das sollte sein Journal werden, sein Schiffstagebuch, die Biographie des Schiffes und aller seiner künftigen Fahrten.

Und heute, wo über ein Jahrhundert vergangen ist, sind wir ihm für seine Genauigkeit dankbar, denn aus diesen vergilbten Seiten sehen wir Stück für Stück das Schiff emporwachsen und begleiten es auf seinen Reisen, die ihn mehrmals rund um den Erdball geführt haben. Daneben aber hatte er ein zweites Buch. Und da hinein übertrug er die Kopien aller Briefe, die wegen des Schiffes geschrieben wurden. Nicht nur die Briefe, die er und sein Vater schrieben, sondern auch die Antworten, die er bekam. Und alle seine Briefe begannen mit einem gleichen Absatz, etwa mit dem, was in der Missive stand, die ihm sein Korrespondentreeder aufgesetzt hatte. Und dann wandte er sich an Freunde und Geschäftsfreunde seines Vaters und bat um Übernahme von Parten in seinem neu zu erbauenden Schiff. Damals gab es noch keine Schreibmaschine und keine Durchschläge. Jeder Brief, der hinausging, und jeder einzelne, der hereinkam, wurde sorgfältig in das Buch abgeschrieben. Auch die Mahnbriefe um die Einzahlungen der fälligen Summen, die Dankesbriefe und die Quittungen – alles findet seinen Niederschlag in diesem Buch. Und späterhin hat auch dieses Buch alle Reisen mitgemacht, und alle Briefe, die ihn erreichten, und die, die er absandte, wurden zuvor säuberlich kopiert. Und nicht nur die Briefe, selbst die Handschrift spricht von Erlebnissen und Leiden des Mannes, von seinen Sorgen und seinen Freuden. Wir möchten die beiden Hefte nicht missen. Selten, daß uns eine Quelle so bis in das Innerste des Schifferberufes mit all seinen Nöten einführt. – – – – – – – – –

Ein Jahr ist vergangen. Der Rumpf des Schiffes ist emporgewachsen, und nun kommt der Augenblick, wo der Bootskörper fertig ist und das große Fest des Stapellaufes gefeiert wird. Der Zimmerpolier hält eine dröhnende Rede, man bringt ein Hoch auf die Reeder aus, und dann wird der Schiffskörper angekeilt, d. h. man schlägt mächtige Eichenkeile unter den Kiel, damit das Schiff sich hebt und von der geneigten Fläche der Helligen ablaufen kann. So ein Stapellauf, bei dem die gewaltige Masse über die mit grüner Seife und Tran glitschig gemachte Bahn ablief, war keine ganz ungefährliche Angelegenheit. Bei den großen Kriegsschiffen in England soll man in der Nelsonzeit verurteilte Verbrecher angestellt haben, die den letzten Haltebalken vor dem Vordersteven abschlagen und sich dann blitzschnell hinwerfen mußten, so daß das Fahrzeug auf seinem hohen Kiel donnernd und rauchend über sie hinwegschoß in sein angestammtes Element. Wurde dann so ein armer Teufel erdrückt, so sparte man den Strick oder die Passage nach Botany-Bay; kam er davon, so ließ man ihn laufen. Auch in Rostock suchte der Schiffsbauer an diesem Tage wenigstens die Buben von der Werft auszusperren, denn er war verantwortlich für etwaige Unfälle. Freilich, es waren doch ihrer noch genug auf unerlaubten Wegen hineingeraten, und die Zimmergesellen drückten ein Auge zu, denn da der mächtige Schiffskörper nachher am Hafen entlang mit Seilen getreidelt werden mußte nach dem großen Krahn, von wo aus man die Masten einsetzte, und da dieses Treideln eben nicht eine Arbeit war, die die durstigen Zimmergesellen mit Begeisterung taten, waren sie froh, wenn die Hafenpiraten ihnen dies Geschäft abnahmen und sich mit Hüh und Hoh in die Seile legten und das Schiff dorthin zogen, wo es vertaut wurde. Denn unmittelbar an den Stapellauf schloß sich ein erhebliches „Supels“ unter den Werkleuten. Ein paar große holländische Käse wurden ihnen gestiftet, um den Durst zu schärfen, soweit es noch nötig war. Und auch mit Bier und Branntwein wurde nicht gespart. Auch die Frauen fanden sich zu der Feier ein, nicht so sehr, um mitzumachen, als um zu bremsen.

Am Krahn, am Burgwalltor, wurde dann die „Popp", die Galeonsfigur, angebracht und auch die Masten eingesetzt. Hierzu fanden sich ebenfalls Reeder und Kapitän ein, und in die Mastspur legte der junge Schiffer feierlich einen blanken Silbertaler, „damit das Schiff wacker Geld einbrächte von seiner Fahrt". Ein halb Jahr aber dauerte dann fast noch der letzte Akt des Baues, das Aufsetzen der Stengen und die Takelung. Und hierbei hielt Kapitän Niemann es doch für gut, scharf aufzupassen. Das Tauwerk, das die Reeper auf der Reeperbahn gedreht hatten, wurde nach Gewicht bezahlt. So wurde jede einzelne Ladung mit einem Wagen an die städtische Waage gefahren und dort abgewogen. Und man wußte, daß es vorkam, daß einzelne Nichtsnutze die Last auf die Waage und von da an den Hafen hinunter durch die Stadt zurück und zum zweiten Male an die Waage schafften, um das Geld doppelt bezahlt zu bekommen. Da galt es genau aufzupassen, Buch zu führen und den Anschlag mit den einzelnen Posten, die herankamen, zu vergleichen, um gegen solche Tricks gewappnet zu sein. Mitunter brach dem Kapitän der Schweiß aus. Er war mehr unterwegs zwischen Rostock und Wustrow als daheim. Seinen Besatz – so nennt der Schiffer seine Mannschaft – hatte er bereits in Wustrow zusammengebracht, die Verproviantierung war bestellt und teilweise bereits an Bord, dann kamen die letzten aufregenden Tage, wo alles verstaut wurde, Ballast von den Ballastschubern an Bord gebracht wurde. Zwischendurch mußte er auf das Rathaus, um Bielbriefe und Schiffspapiere in Empfang zu nehmen. Für Fracht hatte der Korrespondentreeder gesorgt. Und endlich kam der Tag, der die Krönung des ganzen Werkes bringen sollte, wo man die

Trossen loswarf und mit günstigem Wind den Breitling hinunter nach Warnemünde steuerte. Hier wurde zumeist noch einmal Ballast nachgenommen, einzelne Waren kamen mit Leichterfahrzeugen an Bord, denn die Fahrrinne war seicht, und es wäre doch eine Schande gewesen, wenn man schon bei der Jungfernfahrt festgesessen hätte. Und dann ging es mit günstigem Fahrwind hinaus in die Ostsee. Wie würde das Schiff sich halten? Würde es dem Steuer gut gehorchen? Nicht luv- und nicht leegierig sein? Würde es stark wracken? Das alles waren die Fragen, die, seit Wochen gestaut, alles Sinnen und Denken des jungen Schiffers beherrschten. In Lee taucht die Fischlandsküste auf, der Strand ist dicht besetzt, winkende Tücher und Mützen, ein Dippen der Flagge, dann ging man wieder an den Wind, und auch das lag hinter einem. In seiner Kajüte aber saß der Kapitän und schrieb bereits jetzt an den Korrespondentreeder, was über das Schiff und seine Art, wie es sich benahm, zu sagen war, forderte noch dies oder jenes Stück, das zur Ausrüstung gehörte, als notwendig an, bis ihn die Wache wieder an Deck rief und er endlich spät in der Nacht in seine Koje fiel.

In Danzig wurde gelöscht und neue Ladung an Bord genommen. Auf die Ladung bekam der Kapitän einen Teil der Fracht ausbezahlt, den er meist durch Wechsel an den Korrespondentreeder überwies. Eine gewisse Summe an Bargeld mußte er natürlich an Bord behalten für Lotsengebühren, Hafengelder, Heuer an die Mannschaft, zum Einkaufen von Proviant und für unvorhergesehene Ausgaben. Von Danzig aus ging die Fahrt nach England. Über alles, was sich auf der Reise begab, wird Tag für Tag im Schiffsjournal berichtet. Wir wissen genau, wie das Schiff getrimmt war, wieviel Wasser unter dem Vorder- und dem Hintersteven lag. Täglich wird das Wetter und der Wind eingetragen, die Kurse, begegnende Schiffe, überhaupt alles, was man wissen mußte im Fall, daß das Schiff Havarie hat, wobei man über all diese Dinge vor Seegericht genau Rechenschaft geben muß. Es darf auch keine Seite im Schiffsjournal fehlen. Selbst leichtere Verletzungen, wie sie an Bord natürlich öfters vorkommen, müssen eingetragen werden, so daß wir wirklich an der Hand eines solchen Journals die ganze Reise miterleben können. Aber freilich, nur im Sachlichen. Nichts von dem, was der Schiffer oder die Mannschaft empfunden hat, findet seinen Niederschlag in dieser nüchternsten und genauesten aller Biographien. Wenn es heißt „rasender Orkan", so ist das nur eine sachliche Feststellung der Windstärke. Und wenn der Kapitän davon berichtet, wie er krank wird und in das Hafenhospital gehen muß, so hören wir nur davon, was ihn der Aufenthalt kostet, welche Arzneien er aus der Apotheke empfängt, was der Arzt an Honorar verlangt. Nichts von seinen Sorgen um Schiff und Ladung und um das eigene Leben fern in der fremden Hafenstadt. Nur daß etwa am Altjahrsabend mitten unter den nüchternen Eintragungen plötzlich der Satz steht: „Das alte Jahr vergangen ist", oder daß ein Blatt drinliegt, auf dem ein paar Strophen eines alten Kirchenliedes stehen. Und erschütternd – weit später – bei einem Aufenthalt in Kopenhagen mitten unter den üblichen Notizen über Ladung, Provianteinkauf und remittierte Gelder an den Korrespondentreeder der Satz: „Hier empfing ich den Brief, in dem mir mitgeteilt wurde, daß mein Haus in Wustrow abgebrannt ist." –

Nichts weiter. – –

War die Last aus Danzig meist Holz – es hätte auch Finnland sein können oder Schweden –, in London oder irgend einem südfranzösischen Hafen gelöscht, so fand die Jungfernfahrt des Schiffes durch ein wichtiges Ereignis ihren Abschluß: das Schiff wurde verkupfert. Dieser Betrag hätte an sich bereits unter die

Baukosten gerechnet werden können. Man zog es aber vor, sie von dem Gewinn des ersten Jahres abzusetzen. Denn soviel hatte durchweg bei günstigen Frachtverhältnissen das Schiff auf diesen ersten beiden Reisen verdient, daß man den Kupferbeschlag mit den Kupfernägeln in England oder Frankreich bezahlen konnte, ohne die Reeder in Anspruch nehmen zu brauchen. Denn dort im Auslande war das Kupfer billiger als im Inland, und die Werften waren gut und waren auch diese Arbeit gewöhnt. Erst jetzt war das Schiff reif für eine Fahrt in die tropischen Meere. Ohne den Kupferbeschlag wurden die Planken zu stark angegriffen, auch setzten sich Algen und Muschelwerk am Schiffsboden fest, trotzdem der Teeranstrich mit Arsenik vergiftet war. Nun also ging es hinaus auf große Fahrt, nach Amerika, nach Indien oder China. Das Schiffsjournal erzählt von Stürmen, von wochenlangen Fahrten im Passat, notiert Berichtigungen des Chronometers nach Positionen der Gestirne oder Verdunkelungen oder hält auch fest, was man über den Chronometerstand von begegnenden Schiffen erfährt.

Dem Laien fällt bei alledem eins auf: die größten Gefahren der Schiffahrt scheinen nicht so sehr in den tropischen Meeren zu liegen, abgesehen von Krankheiten, wie Fieber und Ruhr, vor denen man sich zu hüten hat, sondern die gefährlichste Ecke ist der Kanal mit seinen Stürmen, seinem Nebel und seiner starken Stromversetzung. Hier scheitern die meisten Schiffe. Und oft ersieht man aus dem Tagebuch, daß der Kapitän tagelang nicht in seine Kajüte gekommen ist, weil er in dieser gefährlichen Ecke, selbst wenn er einen erprobten alten Steuermann hat, die Schiffsführung nicht aus der Hand gibt.

Endlich aber kommt der Tag, wo das Schiff wiederum in den Heimathafen einläuft. Dann folgen ein paar Wochen, die der Kapitän zu Hause in Wustrow in seiner Familie verbringt, indes das

Schiff auf der Werft neu instandgesetzt wird. Es ist erstaunlich, wie rasch die hölzernen Schiffe in den tropischen Meeren altern. Schon nach wenigen Jahren erfahren wir, daß ein beträchtlicher Teil der Planken und sogar der Spanten herausgenommen und durch neue ersetzt werden muß, weil sie verolmt oder durch Rotfäule angegriffen sind. Es gibt auch vielerlei Waren, welche besonders schädlich für die hölzernen Schiffe sind. Und es ist die erste Pflicht des Kapitäns, daß er sein Fahrzeug und seine Takelage immer wieder rechtzeitig ergänzt und ausbessert, daß er sparsam mit seinen Segeln ist – so fährt man in dem gleichmäßigen Passat durchweg eine ältere Garnitur als in den stürmischen südlichen und nördlichen Zonen. Andererseits darf er aber wiederum nicht allzu freigiebig mit Neuanschaffungen und Reparaturen sein, denn die Unkosten der Segelschiffe sind erschreckend hoch. Das wird einem klar, wenn man einmal die Frachtsummen eines Schiffes im Verlauf von zwei oder drei Jahren zusammenzählt und daneben die Unkosten. Dann sieht man, daß es nicht leicht ist, die relativ hohe Rente aus der Segelschiffahrt herauszuwirtschaften, die bis zum Krimkriege verdient wurde. Es ist der Stolz des Kapitäns und gleichzeitig sein persönlicher Gewinn, wenn regelmäßig Jahr für Jahr eine reichliche Summe an Verzinsung der Parten gewonnen wird. Solche Kapitäne bekommen bald einen Namen, und wenn immer sie ein neues Schiff bauen wollen, fließen ihnen reichliche Kapitalien zu. Und ein gleiches gilt vom Korrespondentreeder, der auf dem Posten ist, seinen Kapitän gut berät, für Frachten sorgt und regelmäßig Rechenschaftsablegung leistet.

KAPITEL 13
Der Krimkrieg

Der Sommer 1853 war sonnig und klar gewesen.

Doch schon im August brach der Herbst mit kühlem Wetter und heftigen Seestürmen herein. Früher als sonst warfen die Bäume ihre Blätter ab. Der letzte Schnitt auf den Boddenwiesen lohnte sich kaum. Und dann wurde es wieder kalt, und der Wind lief unregelmäßig von West über Nord und blieb dann im Osten stehen. Die meisten Schiffe kamen zeitiger heim als sonst. Das Dorf begann sich zu füllen. Und mit einiger Sorge harrte man auf diejenigen Fahrzeuge, die in diesem Jahr, wie in den letzten Jahren mehr und mehr, die Fahrt in die Mittelländische See gemacht hatten. Insonderheit herrschte Sorge in dem Haus des Schiffers Ewald Jörck. Schon seit Wochen war keine Nachricht von ihm eingetroffen, und die Frau war voller Unruhe. Auch der politische Himmel war umwölkt. Erst hatte der Russenkaiser Krieg mit den Türken geführt. Dann hatte sich der neue Napoleon und bald darauf Italien und England eingemischt. Und die Menschen in Wustrow blickten ein wenig besorgt in die Zukunft, denn auch in Deutschland sprach man von einem kommenden Krieg gegen Rußland. Es ging schon auf den November, als der „Orion“ in Rostock einlief. Wenige Tage später langten Mannschaft und Kapitän im heimatlichen Dorf an. Die Fahrt mußte günstig verlaufen sein, denn wenn der schweigsame Schiffer auch nicht viel zu berichten hatte, so schien er doch ausnehmend guter Laune zu sein, und die Geschenke, die er seiner Frau mitbrachte, ließen auf guten Verdienst schließen.

Der Winter verging in gewohnter Weise. Aber eine ganze Anzahl von Kapitänen bekam ungewöhnlich früh Briefe von ihren Korrespondentreedern. Sie fuhren daraufhin nach Rostock und kamen wieder zurück. Und was sie dort besprochen hatten, mußte sie mit Wohlbehagen erfüllt haben. Früher als sonst suchten sie ihren „Besatz" zusammen. Und früher als sonst begann es auf den Werften von Rostock, Damgarten und Ribnitz lebendig zu werden. Irgend etwas lag in der Luft, was der Schiffahrt einen starken Antrieb gab. An einem hellen Februar-Nachmittag besuchten Jochen Zepelin und Peter Langhinrichs Kapitän Jörck. Sie fanden ihn in seinem Zimmer über einer Seekarte des Schwarzen Meeres, auf der er sich mit dem Bleistift Notizen machte und scheinbar Kurse berechnete.

„Wo hast du die Karte her, Jörck?" fragte Zepelin, nachdem er ihn begrüßt hatte und die dampfenden Gläser mit Grog auf dem Tisch standen.

Der Angeredete lächelte. „Die beste Karte, die ich in London auftreiben konnte. Viel besser als die russischen." Und dann zwinkerte er mit den Augen. „Aber höllisch rar jetzt, höllisch rar. Sie werden den Händlern direkt aus den Händen gerissen. Komisch, nicht wahr? Alle Welt braucht Karten vom Mittelmeer und vom Schwarzen Meer."

Langhinrichs lachte. „Kunststück, Mensch. Es gibt ein Riesengeschäft. Was meinst du, was die Armeen der Engländer und Franzosen auf der Krim gebrauchen! Umsonst schreiben sich die Reeder nicht die Finger lahm, um so viel Schiffsraum zu chartern, wie sie können. Die Werften sind jetzt schon voll besetzt und können nicht so viele Handwerker herankriegen, wie sie brauchen. Von London und Paris aus kommen Aufträge über Aufträge auf Schiffsraum, und sie knausern nicht mit den Frachten."

Jörck lächelte still vor sich hin. „Wir können das Geschäft schon gebrauchen. Jahrzehntelang hat uns der Engländer knapp genug gehalten. Laß ihn jetzt zahlen. Wir werden uns wiederholen, was er uns damals entzogen hat. Und der Franzmann nicht minder."

Langhinrichs nickte: „Jetzt sind sie freundlich zu uns, weil sie uns brauchen können."

Jörck brannte sich umständlich seine Pfeife an. „Ganz recht, weil sie uns brauchen, – – – aber vielleicht braucht uns der Russe auch, und vielleicht braucht er uns dringender. – Was gehen mich die fremden Völker an. Wer mich am besten bezahlt, kriegt mich."

Die beiden anderen stutzten. „Der Russe?"

Einen Augenblick herrschte Stille. Offensichtlich gingen die Gedanken der drei Männer den gleichen Weg. Endlich begann Kapitän Jörck wieder:

„Jawohl, der Russe. Eine belagerte Festung braucht viel: Proviant, Verbandzeug, Medizin und – – Waffen."

„Blockade brechen?" sagte Zepelin gedehnt. „Eine kitzlige Sache. Da nimm dich in acht vor den englischen und französischen Fregatten."

Jörck machte eine geringschätzige Handbewegung. „Die Nacht ist so dunkel vor der Krim wie bei uns. Und der „Orion" schafft schon ordentlich ein paar Knoten." Er zuckte die Achseln. „Freilich, riskieren muß man etwas. Ein paar Mal sind mir die Kugeln hübsch um die Ohren gesprungen. Aber verlaß dich, die Fahrt lohnt sich."

Langhinrichs nickte und Zepelin pfiff leise vor sich hin. „Also du warst schon dabei? Und – ist der Russe reell?"

Jörck blieb einen Augenblick stumm. Dann nahm er die Pfeife aus dem Mund. „Reell – was heißt reell? Er bezahlt bar, Zug um Zug. Und was der Kommandant ist, das ist ein Deutscher. Tottleben heißt er, spricht fließend deutsch und ist ein ordentlicher Kerl."

„Aber wenn sie dich aufbringen, bist du dein Schiff los."

„Wenn – –", und plötzlich lachte er leise. „Und wenn's nur drei- oder viermal glückt, hast du den Wert des Schiffes raus."

Langhinrichs schüttelte den Kopf. „Kann ich nicht machen. Ja, dein „Orion" segelt wie eine Hexe. Aber meine „Anna Dorothea" ist kein Windhund."

Aber Zepelin grübelte versonnen vor sich hin. „Ich könnt' es. Bloß man müßte wohl mit den Leuten sprechen."

„Ich habe doppelte Heuer gezahlt", sagte Jörck. „Und wenn ich sie verdreifachen sollte! Wenn ich ein bißchen Glück hab'." – – –

„Ja, das gehört dazu. Aber deine Reeder." – –

„Ich bin Freischiffer, hab nur mein eigenes Geld in meinem Schiff und etwas aus der Verwandtschaft. Und die spielt mit. Die meisten hab' ich ja an Bord."

Zepelin nickte. „Man müßte mit den Leuten reden. – Und von wo aus nimmst du Ladung?"

Jörck griente. „Hin von Hamburg für den Engländer, Medikamente und so was. Gott, warum soll der nicht auch seine Chance haben? – Später zwischen Kertsch und Sewastopol. Bloß – redet nicht drüber!"

Die beiden anderen schüttelten die Köpfe. „Unnötig zu sagen."

– –

Warum lächeln die Fischländer Schiffer? Was reiben sich die Korrespondentreeder in Rostock und Wismar die Hände? Warum arbeiten die Werften entlang der ganzen Ostseeküste fieberhaft und können doch nicht soviel Schiffsraum schaffen, wie gebraucht wird? Nie wieder hat die mecklenburgische Flotte eine solche Chance gehabt, als in den drei Jahren, die nun folgen. Zwei Drittel der Schiffe werden von den Westmächten gebraucht für den dauernden Transportverkehr von England und Frankreich nach der Krim und wieder zurück. Auch ältere Schiffe, die sonst nur in Ost- und Nordsee fuhren, werden verkupfert und treten die Fahrt ins Mittelmeer an. Die Fischländer und Rostocker Kapitäne sind ausgezeichnete Seeleute. Sie werden auch mit der ihnen vielfach unbekannten, launischen See und den vor allem vor den Dardanellen gefährlichen Strömungen fertig. Und ungeheuer hoch sind die Gewinne, die die Schiffahrt in diesen Jahren abwirft. Trotz Neuverkupferung und Instandsetzung können an die Reeder 5 bis zu 25 Prozent ausgezahlt werden. Die vereinzelten Schiffe aber, welche Blockade brachen, haben bis zu 250 Prozent Reingewinn erzielt.

Schade, daß wir von ihnen keine Schiffsjournale mehr haben. Sie würden spannend und abenteuerlich erzählen können, wie man in dunklen, stürmischen Nächten, oft nahe an gefährlichen Riffen der Küste vorbei, den Weg in den Hafen von Sewastopol suchte und fand, wie mit ungeheurer Anspannung der Mannschaften und abkommandierten russischen Truppen die Schiffe entladen wurden, oft im feindlichen Feuer der schweren Belagerungsgeschütze, wie man sich ebenso bei Nacht oder unsichtigem Wetter wieder hinausstahl, um aufs neue die gefährliche Fahrt zu wagen.

Während der ganzen Jahre floß ein Strom von Geld in die heimischen Häfen. Und die Fischländer hätten nicht die sparsamen, zähen und wagenden Menschen sein müssen, wenn sie das gewonnene Kapital nicht wiederum in Schiffen angelegt hätten. Aber auch Wustrow selbst verändert sein Aussehen. Man spürt es, daß Wohlhabenheit und Reichtum hier zu Hause sind. Mehr und mehr wachsen die stattlichen Kapitänshäuser in der Strandstraße empor, nicht mehr niedrig und geduckt und unter dem Strohdach, sondern aus Backsteinen gebaut mit spiegelnden Fenstern, Flur und roten Fliesen, mit schmucken Gärten ringsherum, die freilich zunächst nicht recht gedeihen wollen, weil die Stürme gar zu hart in sie hineingreifen und die erst langsam emporkommen, als Schutzpflanzungen deren Gewalt brechen und die doppelte Allee von Silberpappeln langsam emporwächst. Auch die seidenen Kleider und Schals der Frauen, der Schmuck und die Einrichtung der Häuser zeugen davon, daß die Seefahrt sich lohnt.

Aber nicht nur Segen bringt das Geld. In dem Maße, wie die jungen Paare sich nicht mehr im freien Liebesspiel der Geschlechter finden, sondern gekuppelt werden nach dem Grundsatz, daß Geld zu Geld kommen muß, treten in einzelnen Familien schlimme Züge der Entartung auf. Fälle von Blödigkeit und Schwermut zeigen, daß die Natur sich wehrt, wo man sie nicht ihrer eigenen wilden Gesetzmäßigkeit folgen läßt.

Und eines Tages ist der Krieg aus, der Goldstrom jäh versiegt, und aufs neue steht man vor dem grauen Alltag. Der Konkurrenzkampf um Frachten und Löhne setzt wieder mit der ganzen Härte vergangener Zeiten ein. Oder vielmehr er steigert sich, denn der Zeiger auf dem Zifferblatt der Geschichte ist vorgerückt. Neue Kräfte im Wirtschaftsleben der Völker sind erwacht. Das Zeitalter des Dampfes und der Elektrizität schafft für die Schiffahrt völlig neue und veränderte Grundlagen.

KAPITEL 14
Als der Goldstrom versiegte
Beginn der Krise

Man schrieb das Jahr 1858, in dem nach einem unerhörten Aufschwung der mecklenburgischen Segelschiffahrt, wie man ihn noch niemals zuvor erlebt hatte, jählings die furchtbare Krise hereinbrach, wo das Kapital wie mit einem Schlage fortgewischt war, wo die Frachten fielen und fielen, Handel und Wandel stockten und es aussah, als ob die Segelschiffahrt ganz zum Erliegen kommen sollte.

Sie saßen in Wustrow zusammen, eine ganze Reihe von alten und jungen Kapitänen, die frühzeitig im Jahr ihre Reisen beendigt hatten. Das Mittagessen war reichlich und üppig gewesen wie immer, wenn man Gäste hatte, der Kaffee exquisit. Nun brannten die Tabakspfeifen und Brasilzigarren, Weingläser standen auf dem Tisch und eine stattliche Anzahl von Flaschen, die lange im Keller gelegen hatten. Durch die Rauchschwaden blinkten die Lichter, und das Gespräch ging heftig und erregt seinen Gang.

„Aber warum denn, warum? Was ist denn geschehen?“ – – –

„Was ist geschehen? Sagt lieber, was soll werden?“ – – –

„Dergleichen haben wir schon gehabt. Nach den Freiheitskriegen setzte auch die große Krise ein. Mein Vater – – – – –“

„Nein, nein, diesmal ist es etwas anderes, es sieht aus, als ob es der Anfang vom Ende wäre." – – – –

„Torheit! Handel und Wandel muß es geben." – –

„Das sagt ihr! Aber sagt selber – sieht es nicht aus, als ob unsere Schiffe im Schlick säßen und sich immer tiefer einwühlten? Wo bleibt die Flut, die uns alle wieder flott macht?" – – – – – –

Neben dem Hausherrn saß ein stattlicher Fremder, dessen städtische Kleidung verriet, daß er zu Besuch hier weilte. Seine langen grauen Haare waren zurückgekämmt über eine hohe Stirn, die Augen waren groß und beherrschend und das Kinn fest und gemeißelt wie bei einem Mann, der gewohnt ist, zu befehlen und Verantwortung zu tragen.

„Sagt an, Herr von Melle, was meint ihr? Hamburg und Bremen werden immer mehr d i e deutschen Häfen. Seht Ihr weiter, als wir es können?"

Der Angeredete nippte an seinem Glase und fuhr sich mit der Hand über die Stirn. „Die Flutwelle, auf der die Rostocker Flotte schwamm und mit ihr die der Fischländer, war das mecklenburgische Korn", sagte er mit ruhiger Stimme. „Diese Flut kommt nicht wieder."

Eine plötzliche Stille war eingetreten.

„Das Mecklenburger Korn?"

Viele der älteren Grauköpfe nickten, und der Hamburger fuhr fort: „Ich sehe, die Herren haben mich verstanden. Die Älteren unter Ihnen werden sich erinnern, daß die Schiffahrt in dem Maße emporstieg, als England die Einfuhr von deutschem Korn freigab. Damals wurde Schiff auf Schiff auf Kiel gelegt, so daß die

Hälfte der heutigen Flotte entstand. Das ist die Kornflotte. Und ein Blick auf das Fahrzeug zeigt Ihnen heute noch, wann und zu welchem Zweck es gebaut ist. Ich habe in diesen Tagen eine Übersicht über die Rostocker Flotte in Händen gehabt. Die Hälfte aller Schiffe, und insonderheit die kleinen, sind zwischen 1800 und 1850 gebaut. Ich weiß wohl, daß einzelne dieser Schiffe schon in der zweiten Hälfte des vorigen Jahrhunderts Reisen nach Spanien und in die Mittelländische See gemacht haben. Aber das war nicht ausschlaggebend. Wesentlich war, daß man mit Sicherheit auf die Verschiffung des in Rostock und Wismar gestapelten mecklenburgischen Kornes rechnen konnte. Und Ihre Rückfrachten, meine Herren, waren Stückgüter aus England, Eisenwaren und in den späteren Jahren mehr und mehr Kohle. Aber bitte beachten Sie, das ist über die Hälfte der mecklenburgischen Flotte. Und die andere Hälfte? – Sie ist gebaut worden in den letzten zehn Jahren. Und eine Hälfte ist zuviel da."

In den Gesichtern aller Männer zeichnete sich eine große Betroffenheit ab.

Einige nickten versonnen, andere schüttelten den Kopf.

„Zu viel da – das ist doch nicht möglich! Handel und Wandel waren immer und werden wiederkommen." – – –

„Es sieht nicht danach aus." – – –

„Die Flutwelle, auf der wir schwammen, ist doch immer noch da!"

„Nein, meine Herren, sie ist nicht mehr da. Oder, wenn Sie wollen, sie läuft einen anderen Weg."

Wiederum war betroffenes Schweigen. Der Hamburger nippte an seinem Glas und lehnte sich zurück in seinen Stuhl. „Es sind keine angenehmen Erwägungen, die ich hier zum besten gebe. Aber billigen Trost, mit dem man Sie hinhält, werden Sie auch nicht von mir erwarten. Man muß den Dingen in die Augen sehen, so wie sie sind. Sehen Sie, die Älteren von Ihnen werden mir recht geben, wenn ich behaupte, daß eine leise Krise schon in den vierziger Jahren sich bemerkbar machte. Damals fiel bereits ein Teil der Kornfrachten aus. Gleichzeitig stiegen die Ausgaben für Schiffsbau und Ausrüstung, auch die Heuer begann damals anzuziehen. Und doch wußte niemand, woran das eigentlich lag. Das konnte auch damals niemand sehen. Heute, wo die Entwicklung weiter fortgeschritten ist, ist es nicht schwer zu erkennen. Da ist zunächst die wachsende Einwohnerzahl Deutschlands. Berlin fängt an emporzusteigen, an der Ruhr und am Rhein wächst eine neue Industrie heran, und alle diese Menschen brauchen Brot. Mecklenburg und Pommern gleichen einem großen Bassin, das mit Korn gefüllt ist. Anno 1850 wird die Hamburg–Stettiner Bahn gebaut, das heißt, in das große Bassin wird ein Loch geschlagen, durch welches es anfängt, leise leerzulaufen. Es läuft leer nach Westen und Süden in die emporkommenden deutschen Industrie- und Handelsstädte, und vor allem die Bahnen führen einen Frachttarif ein, mit dem die Schiffahrt nicht konkurrieren kann. So nimmt die Kornverschiffung von Rostock und Wismar aus immer mehr ab. Nicht, daß Westeuropa das Korn nicht mehr gebrauchte. Es ist eben nicht mehr genügend da, weil Deutschland mehr und mehr sein Korn selber gebraucht. Diese Entwicklung wäre weitergelaufen, und die Krise, die jetzt jählings über uns hereingebrochen ist, hätte sich schleichend entwickelt, wenn nicht ein Ereignis von außen sie überdeckt hätte – der Krimkrieg."

Die Männer lächelten trübe. Der Krimkrieg, ja, das war die goldene Zeit gewesen. Sie alle hatten ungeheuer verdient, so daß sie geglaubt hatten, es müßte immer so weitergehen. Aber dann war das Ende gekommen.

Jetzt wandte sich der Gastgeber an Herrn von Melle.

„Niemand wird erwarten", sagte er ruhig „daß solche Übergewinne, wie wir sie in den letzten Jahren erzielt haben, wiederkehren werden. Aber warum soll schließlich nicht die Schiffahn wieder ihre normalen Frachtsätze erzielen und wieder rentabel werden?"

Der Gast sah ihn sehr ernst an. „Die Schiffahrt wird wieder rentabel werden. Aber ehe das eintritt, wird es einen furchtbaren Zusammenbruch geben, und ich fürchte, die Entwicklung dauert lange." „Aber warum denn, warum?"

Er blickte eine Zeitlang schweigend vor sich nieder.

„Der Engländer hat ein altes Sprichwort: Es hat keinen Zweck, um vergossene Milch zu jammern. – Es ist bitter, wenn wir heute erkennen müssen, daß unsere gesamte Kapitalsanlage im vergangenen Jahrzehnt falsch war. – Sehen Sie, meine Herren, ich sagte eben, daß die Hälfte der Rostocker Flotte zuviel da ist. Warum? – Weil wir im Krimkrieg das gesamte Kapital, das damals verdient wurde, wieder in dem Neubau von Schiffen angelegt haben. Wir haben gewirtschaftet, als ob die Hochkonjunktur in der Schiffahrt dauernd bleiben würde, wie sie war. Wir haben nicht bedacht, daß die enorme Güterbewegung, die von Westeuropa nach dem Schwarzen Meer strömte, eine ganz vorübergehende, durch den Krieg bedingte war. Und darüber hinaus, daß es im Krieg nicht darauf ankommt, was die Waren und was die Frachten kosten, wenn man nur siegt. Und dabei hatte die europäische Flotte – denn diese Fragen muß man in einem größeren Rahmen sehen – bereits einen großen Teil der nordamerikanischen Schiffe während und nach dem Sezessionskrieg übernommen. Wir hatten also ohnehin schon, als der Krimkrieg ausbrach, zuviel Frachtraum in Europa. Und dazu kommt nun der ganze, oft zu teuer gebaute Schiffspark, den die mecklenburgischen Städte während des Krieges hinzubauten. Bedenken Sie – die Hälfte der Rostocker Schiffe hat ein Alter von höchstens zehn oder fünfzehn Jahren, die andere hat ein halbes Jahrhundert auf dem Buckel. Sie alle wissen, was man Ihnen für Frachten geboten hat, daß Sie bei den Preisen nicht bestehen konnten. Warum konnte man das? Weil das Frachtangebot so dringend und groß war, weil jeder seine Ansprüche so weit herunterschraubte, wie es überhaupt nur angängig war, nur um die Schiffe nicht aufliegen zu lassen."

Die Runde am Tisch war sehr still geworden. Die Älteren nickten still und sahen in den Rauch ihrer Pfeifen. Den Jüngeren merkte man die innere Erregung an, die sich auf ihren Gesichtern malte.

Wiederum sprach der Gastgeber: „Dann müssen wir versuchen, uns in die Weltschiffahrt einzuschalten. Die Langreisen machen sich noch leidlich bezahlt."

Herr von Melle sah vor sich nieder wie einer, der wider seinen Willen gezwungen ist, Hoffnungen zu zerstören. „Soweit Sie es können. Das trifft aber nur für die größeren Fahrzeuge zu. Und auch die sind eigentlich zu klein."

„Ich bin fünfmal um Kap Horn gefahren und an die Westküste von Südamerika, auch nach Indien", sagte der alte Kapitän Niemann.

Der Hamburger sah ihn an. „Dann wissen Sie auch, Kapitän, wie die Schiffe aussehen, die heute die Langreisen nach Amerika und Australien machen. Und Sie müssen wissen, ob und wie lange Sie mit ihnen konkurrieren können."

Der Kapitän nickte ernst. „Sie meinen die Klipper? – die großen, scharf gebauten, stark bemannten Riesenschiffe mit ihrer gewaltigen Ladung im Bauch? Ja, ich kenne sie." Ein Zug von Bitterkeit legte sich um seinen Mund. „Aber solche Schiffe können wir hier nicht bauen. Unsere Hafenrinnen sind nicht tief genug. Und ein Kapital, wie solch ein Schiff verschlingt, bringen unsere Partenreedereien nicht auf."

Herr von Melle nickte. „Wir in Hamburg und Bremen bauen sie oder werden sie bauen, wenn – –" – er biß sich auf die Lippen –, „wenn unser überalterter Schiffspark verbraucht oder abgestoßen ist."

Jetzt mischte sich Kapitän Bradhering ein, der seit Jahren mit seiner Bark in fernen Gewässern fuhr.

„Wenn das Schiff gut und fest gebaut ist und der Schiffer seinen Kram versteht und zuverlässig ist, bekommt er immer noch Frachten. Es kommt ja nicht überall nur auf die Schnelligkeit an."

Der Hamburger lächelte. „Sie haben recht, Kapitän. Zuletzt kommt es immer auf den Menschen an. Es gibt noch viele Routen, auf denen diejenigen unter Ihnen, die starke, seegängige Fahrzeuge führen, konkurrenzfähig bleiben. Aber der Kampf ist schwer. Und wie lange das Segelschiff überhaupt noch dauert – – –"

Eine unruhige Bewegung lief durch den Kreis.

Der Fremde lächelte trübe. „Ich weiß, was Sie sagen wollen. Glauben Sie mir, es tut mir selber leid. Denn schließlich, ich stamme aus einer alten Schifferfamilie, und meine Mutter war Fischländerin. Aber, sehen Sie, für die Kriegsflotte ist im Grunde genommen heute bereits die Frage entschieden seit dem amerikanischen Sezessionskrieg. Und die Handelsflotte wird folgen, nicht heute und nicht morgen, aber in absehbarer Zeit. Die Dampfmaschine ist nun doch einmal der größte Revolutionär unseres Jahrhunderts. Sie diktiert das Schwungrad der Weltwirtschaft, ihr Takt stampft schneller und immer schneller. Und wir werden es bald zu spüren bekommen: Wer die Hetzjagd nicht mitmachen kann, bleibt zurück und kommt unter die Räder. Meine Reederei hat vier Schiffe, drei hölzerne und eins aus Stahl. Wenn wir ein neues auf Kiel legen – – ich weiß nicht, aber ich glaube – – es wird ein Dampfer werden."

„Und unsere kleinen Segelschiffe?"

Herr von Melle sah den Frager an. „Es wird ein harter Konkurrenzkampf werden. Aber der Ostsee- und der Nordseeraum, schließlich auch das Mittelmeer werden Ihre eigentliche Domäne bleiben. Die Gewinnquoten werden sinken. – Aber Sie wissen, Kapitän: Schließlich setzt sich immer der Tüchtigste durch. Der Fischländer hat heute schon einen guten Namen, auch in Hamburg. Ich freue mich über jeden Seemann, den uns das Fischland schenkt. Ein paar von Ihren Steuerleuten führen heute schon Leichter und Ewer. Sie haben ihren guten Verdienst und auch die Kapitäne, die hie und da auf Hamburger Schiffen fahren." – Und als er sah, wie man rings im Kreise die Köpfe schüttelte, fuhr er fort: „Sie selber haben mir erst erklärt, daß Ihre Partenreederei die Kapitalien für die großen Schiffe nicht aufbringen kann. Ich weiß, Sie nehmen den Setzschiffer nicht für voll. Ob aber nicht doch ein junger, vorwärtsdrängender Kapitän es auf die Dauer vorziehen wird, einen unserer großen Hamburger und Bremer Klipper zu führen, anstatt mit einem kleinen Gaffelschoner in der Nordsee und Ostsee zu krebsen, das weiß ich nicht. Die Zeit muß es lehren. Es sollte mich nicht wundern, wenn ich es noch erleben würde, daß Fischländer Kapitäne auf Hamburger Dampfern fahren."

Es dämmerte. Ein Mädchen kam herein und stellte Lampen auf den Tisch. Sie wunderte sich, warum auf den Gesichtern der Männer solch Ernst lag. Sonst pflegte man zu lachen und zu scherzen, und längst hätten die Spielkarten, die bereit lagen, im Gebrauch sein sollen. Sie konnte nicht wissen, in welch schicksalsschwerer Zeit man lebte, und daß die Herren der Tafelrunde die Empfindung hatten, ein wenig weiter hinein in eine Zukunft zu schauen, die dunkel und drohend und unentrinnbar vor ihnen lag.

KAPITEL 15

Vom Ende der Segelschiffahrt

Wären die Fischländer ein nicht so ausgemacht praktischer und dem Spintisieren abgeneigter Menschenschlag gewesen – manch einer der alten Schiffer hätte sich in den beiden nun kommenden Jahrzehnten mehr als einmal gefragt: warum muß mir das geschehen? Hat meine Tüchtigkeit als Seemann oder Kaufmann nachgelassen? Was habe ich denn falsch gemacht? – Aber sein Grübeln hätte auf alle diese Fragen keine Antwort bekommen. Das Fischland war geblieben, wie es war, fleißig, nüchtern und sparsam. Aber das Rädergetriebe der Wirtschaft hatte sich langsam verändert. Da gab es Stockungen und Bruch. Aber neue Räder und Getriebe wurden eingesetzt, und so ging es mitunter überraschend vorwärts. So ist denn auch das Bild, das die Entwicklung der Seeschiffahrt bietet, ein verschiedenes. Und wer versucht, die Entwicklung nachzuzeichnen, stößt oft auf widersprechende und sich scheinbar aufhebende Tatsachen. Zunächst hat man den Eindruck, daß alles seinen Gang ruhig weitergeht. Eine ganze Anzahl von Schiffen bringt in den folgenden Jahren eine gute Verzinsung. Sie machen ihre Fahrten wie früher, und nach wie vor geht Jahr für Jahr die junge Mannschaft hinaus, besuchen die Steuerleute die Navigationsschule, übernehmen Schiffe, und nichts scheint sich geändert zu haben. Daneben freilich stoßen wir auf Klagen, daß die Frachten knapp werden, daß Schiffe aufliegen, und auch die Zahl der Fahrzeuge, die verlorengingen, scheint sich zu steigern. Das kann aber auch zusammenhängen mit Wetterverhältnissen, denn während des ganzen Verlaufs des neunzehnten Jahrhunderts stoßen wir immer von Zeit zu Zeit auf Jahre, in denen Schiffbrüchige und Havarien gehäuft vorkommen. Man kann auch nicht einfach sagen, daß die Größe der Fahrzeuge in den 60er und 70er Jahren für den Gewinn einfach ausschlaggebend ist. Mehrere kleine Briggs und Hucker verteilen gute Dividenden. Manche Barkschiffe setzen zeitweise aus oder bringen geringe Dividenden. Es muß hier überhaupt einmal ausgesprochen werden, daß es einigermaßen schwierig ist, ein klares Bild zu geben von der Rentabilität der Schiffahrt. Nach der mündlichen Überlieferung sollen in den früheren Jahren sehr erhebliche Gewinne erzielt worden sein. Aber diese Behauptungen müssen mit Vorsicht aufgenommen werden. Zunächst einmal stammen sie zum großen Teil aus Kapitänskreisen, und hier hat man vielleicht das Kaplaken, also die Prämie des Schiffers zu dem Gewinn des Reeders hinzugerechnet. Andererseits verhält es sich wohl so, daß einzelne große Gewinne in der Erinnerung haftenblieben, vor allem, als in den 70er Jahren die Erträge sehr gering wurden, und daß man diese ungewöhnlichen Erträge verallgemeinerte. Es ist nun wiederum eine handschriftliche Quelle, welche uns einigermaßen Ordnung in den scheinbaren Wirrwarr zu bringen erlaubt. Es handelt sich um das Anschreibebuch eines Fischländer Kapitäns, in dem er genau Rechnung führt über die jährlichen Einnahmen aus den verschiedenen Parten, die er besitzt oder erwirbt.

Da ergibt sich nun zunächst die überraschende Tatsache, daß die Durchschnittsberechnung aller Reedereigewinne aus den Jahren von etwa 1840 bis 1870 eine Verzinsung von etwas über 6 % ergibt. Die Erträge der einzelnen Schiffe sind aber sehr verschieden. Einzelne Fahrzeuge bringen in den ersten Jahren nach ihrer Jungfernfahrt nur geringe Verzinsung. Das mag daher kommen, daß ein Teil der Ausrüstung des Schiffes – wir sprachen bereits von der Verkupferung – von den Erträgen der ersten Fahrten abgedeckt werden. Manch Schiff mag auch erst gegen Mitte Sommer seine Fahrt angetreten haben, so daß es höchstens eine Hin und Rückfahrt in dem betreffenden Jahre gemacht hat. Dann steigen die Gewinne mitunter rasch auf 18, ja sogar bis auf 28 %, dann wieder aber kommen Jahre, in denen das Schiff keinen Gewinn abwirft, ohne daß immer klar ersichtlich ist, ob es aufgelegen hat oder ob die Zinsen für ein oder zwei Jahre nachträglich auf einmal gezahlt sind. Offensichtlich spielt auch eine große Rolle die Persönlichkeit des Kapitäns. Mehrfach bringen kleine Schiffe, allerdings Ende der 40er Jahre, also noch vor dem Krimkrieg, glänzende Einnahmen, die oft an 30 % heranreichen. Während des Krimkrieges steigen durchweg die Verzinsungen, soweit die Schiffe sich in die Transporte nach der Krim einschalten können. Je mehr wir uns den 70er Jahren nähern, um so stärker tritt ein allgemeines Absinken der Frachten auf. Leider übersehen wir aus dem Buch nicht immer, was aus den Parten und damit den Schiffen eigentlich geworden ist. Mitunter hören die Anschreibungen einfach auf, ohne daß angegeben wird, wo das Fahrzeug geblieben ist. Mitunter wird vermerkt: verkauft, und dann folgt eine letzte Auszahlung, in der das eingeschossene Kapital zum Teil mit zurückgezahlt wird. Eine nicht unerhebliche Menge von Schiffen geht auch verloren, mitunter, aber nicht immer, wird dann ein Teil der Parten zurückgezahlt. In diesem Fall war das Schiff versichert. Jedenfalls ist es nicht möglich, nach diesem Anschreibebuch festzustellen, wieviel an Kapital nach dem Tode des Schiffers vererbt worden ist.

Es ist aber möglich, daß wir die Einwirkung des Krimkrieges überhaupt überschätzen, daß viel wichtiger die Wirksamkeit eines anderen Faktors neben der Dampfmaschine für den Verfall der Fischländer und Mecklenburger Schiffahrt überhaupt in Rechnung zu stellen ist. Das ist der elektrische Funke, der Telegraph.

Vor dem Aufkommen der ersten optischen, dann elektrischen Telegraphenlinien hatte der Korrespondentreeder einen viel wesentlicheren Einfluß auf die Gewinnung der Frachten. Damals führte jeder Kaufmann eine ausgedehnte Korrespondenz mit seinen Geschäftsfreunden über See. Wer nun gut orientiert war über die Marktlage in fremden Ländern, konnte seinen Kapitänen wertvolle Hinweise geben, wo sich Güter gestaut hatten und auf Abtransport warteten, wo die Frachtraten hoch waren oder wo eine Firma eine besonders wertvolle Fracht einem besonders tüchtigen Kapitän anzuvertrauen wünschte. Nachdem aber die telegraphischen Meldungen fast über die ganze Erde hin gingen und man gewissermaßen überall wußte, wie die Marktlage war, verlor der Korrespondentreeder an Wichtigkeit. Er wurde dann wirklich nur derjenige, an den die Frachtraten vom Kapitän überwiesen wurden zur Verteilung an die einzelnen Reeder oder auf den der Kapitän zurückgreifen konnte, wenn er infolge einer Havarie unerwartet eine größere Summe für die Instandsetzung des Schiffes aufnehmen mußte.

Man fragt sich unwillkürlich, was für ein Interesse etwa eine große Getreidefirma überhaupt noch an der Korrespondentreederei haben konnte. Und hier kommen wir auf eine wenig erfreuliche Seite dieses Geschäftszweiges, die im Grunde genommen Mißbrauch ist, wenn sie auch leider vor allem im Ausgang der 60er Jahre mehr und mehr Gebrauch wurde. Die Korrespondentreederei gab nämlich für den Inhaber der Firma einen laufenden Zuschuß an Kapital, das ihm zinslos zur Verfügung stand bis zu dem Zeitpunkt, wo er die Gewinne auszuzahlen hatte. Das aber stand rechtlich in seinem Belieben, wenn auch im allgemeinen erwartet wurde, daß er jährlich nach Möglichkeit Rechenschaft ablegte und den Gewinn an die Parteninhaber abführte. Das war selbstverständlich gewesen in jener Zeit, wo die Schiffe alljährlich im Herbst zurückkehrten und in Rostock oder Wismar auflagen. Dann fand regelmäßig die Generalversammlung statt in Gegenwart der Partenreeder, und die Gewinnquote wurde festgesetzt und ausgezahlt. War ein Teil der Genossen mit der Verteilung nicht einverstanden, so wurde das Schiff „gesetzt", d. h. es wurde den Unzufriedenen der Partenanteil der anderen Partei für eine bestimmte Summe angeboten, die sie übernehmen konnten, um die Reederei auf eigene Rechnung fortzuführen bezw. einem anderen Korrespondentreeder zu übergeben. In dem Maße aber als die Parten zerstückelt wurden und in vielen kleinen Partien rein als Kapitalsanlage an Handwerker, Gewerbetreibende, Landleute abgegeben waren, kam dies Verfahren kaum noch in Betracht. Dazu verstanden diese Privatleute zu wenig von Schiffahrt und Reederei.

Kapitän und Korrespondentreeder mit ihrer größeren Summe an Anteilen ließen dann das Schiff so hoch setzen, daß den anderen Reeder die Lust am Kauf verging und sie sich wohl oder übel dazu verstehen mußten, entweder ihre Parten zu verkaufen oder sich mit der geringen Summe der Verzinsung einverstanden zu erklären, evtl. dafür Nachschüsse zu leisten. Man muß nun leider feststellen, daß die Übermacht der Korrespondentreeder vielfach zu einem großen Mißbrauch ausartete. Sie zogen die Verteilung so lange hin als möglich, um das Kapital zinslos zur Verfügung zu haben. Sie drückten die Frachtraten herunter, d. h. sie ließen das Schiff auch bei niedrigen Frachten fahren, da sowohl Kapitän als auch Korrespondentreeder durch den ihnen zustehenden Anteil am Bruttogewinn noch immer gut herauskamen, während die übrigen Reeder sich mit ganz geringer Verzinsung begnügen mußten, oft sogar Nachzahlungen zu leisten hatten. Ja, es kam sogar vor, daß einzelne unredliche Korrespondentreeder die Summen für die Versicherung des Schiffes nicht abführten, so daß bei einem Totalverlust die gesamten Reeder ihr Geld verloren. Dabei konnten die Reeder nicht einmal gerichtlich die Abhaltung der Generalversammlung und Auszahlung der Erträge erzwingen, denn diese ganze Geschäftsunterehmung beruhte auf einem alten Gesetz der Hansezeit, das überdies in vielfacher Hinsicht durch Gepflogenheiten der Neuzeit durchlöchert war. Dieses unredliche Gebaren der Korrespondentreeder, das in den 70er Jahren zu einem solchen Skandal auswuchs, daß eine ganze Literatur darüber entstand und sich sogar der mecklenburgische Landtag mit einem Versuch der Abhilfe beschäftigte, wurde noch gefährlicher, wenn der Kapitän selber nur geringe Parten an seinem Schiffe besaß, die er gegen Schuldschein vom Reeder erhalten hatte und damit von ihm geschäftlich abhängig wurde. Dann kam es vielfach dazu, daß die großen Getreidefirmen ihre nebenbei betriebene Korrespondentreederei dazu benutzten, um ihr eigenes Getreide billig verschiffen zu lassen. Im übrigen lagen die Schiffe wochenlang auf, und trotz alledem kam der Geschäftsinhaber auf seine Kosten. Es sind also, wie man sieht, im wesentlichen die kleinen Schiffe, die von altersher gewohnt waren, hauptsächlich Fracht nach England, Skandinavien, Belgien und Frankreich zu unternehmen, welche in diesen Mißbrauch, der in den 70er Jahren zu einem völligen Zusammenbruch führte, hineingezogen werden.

Dem Umfang, den diese Entwicklung in Rostock nahm, scheint nun das Fischland nicht in gleicher Weise unterlegen zu sein, einmal, weil die Fischländer Parten sich zum wesentlichen Teil in den Händen von Schiffern und Seeleuten befanden, welche die

Korrespondentreeder kannten und auswählten, ihnen notfalls auch besser auf die Finger sehen konnten, vor allem aber deswegen, weil das sparsame und kapitalskräftige Fischland selber die Mehrzahl der Parten in Händen hielt und nicht so sehr auf den Partenanteil des Korrespondentreeders angewiesen war. Auch hielt man in den Kreisen der Kapitäne auf Treu und Glauben, wie man es von Väter Zeiten her gewohnt war. Und ein Schiffer, der mit dem Korrespondentreeder unter einer Decke gespielt hätte zum Schaden seiner Mitreeder, wäre im Kreise der Genossen verfemt gewesen. Trotzdem sind auch in der Fischländer Flotte einzelne Schiffe durch das gewissenlose Geschäftsgebaren ihrer Korrespondentreeder mit in diese Entwicklung hineingezogen. Vielleicht zum Schutz gegen solche Mißstände wurde in Wustrow eine Partenversicherung gegründet, in der man seine einzelnen Parten gegen Totalverlust versichern konnte.

Eine weitere Folge des Absinkens der Frachtraten und damit der Erträge aus der Schiffahrt tritt nun aber ein, ohne daß man sie jeweils quellenmäßig genau festlegen kann. Das ist der immer steigende Verlust an Schiffen. Es sind die alten Schiffsfriedhöfe, der englische Kanal, Kap Skagen und die Jammerbucht, die Umgegend von Bornholm, auf denen die kleineren Segelschiffe vor allem, die unter der steigenden Unrentabilität am meisten leiden, stranden. Das liegt nicht an der Untüchtigkeit der Schiffsführung und Mannschaft, sondern das liegt daran, daß es immer schwerer wird, die Schiffskörper ausreichend zu erneuern, das laufende Gut und die Segel instandzuhalten. Woran es fehlt und worauf es ankommt, zeigt der Ausspruch eines alten Ribnitzer Kapitäns: „Mit'n dägten Kaptein bi Storm up de apene See, mit'n maklich Schipp ünner dei Bein büst du so säker as dei Preister bi dei groot Waterfrag in dei Kirch. Doch bi'n uplandigen Storm in dei Engde mit Land bisett, up sonn' ollen lacken Pott, sonn' Seelenverköper, dei för dei Pumpen nich tau hollen is, rerrt di kein Swemmen unn kein Beden unn kein Navigatschon. Rasmus geiht mit Mann unn Mus in den Kalenkeller rin, so säker as dei Köster mit sin Korlin tau Kaui."*

Günstiger standen in dieser allgemeinen Weltkrise, die gegen die 70er Jahre hin für den Segelschiffer noch verschärft wurde durch das immer stärkere Aufkommen der Dampfer, die größeren Schiffe, die nunmehr in steigendem Maße auf Großfahrt gingen, nach Südamerika, nach Indien und Australien, von dort zurück nach England und wieder in einen ausländischen Hafen. Dabei konnte es geschehen, daß der Schiffer drei oder vier Jahre lang seine Familie nur auf wenige Tage oder Wochen zu sehen bekam. Das bedeutete eine schwere Belastung des Familienlebens. Hier aber bahnte sich eine neue Entwicklung an. Während es in früheren Zeiten ungewöhnlich war, daß die Frauen ihre Männer auf den Reisen begleiteten, wie es in Holland seit alten Zeiten der Brauch ist, hören wir jetzt immer mehr von tapferen Frauen, die die langen Reisen des Gatten mitmachen, während die kleineren Kinder bei den Großeltern oder Tanten bleiben. Aber nicht nur das, sehr häufig nimmt der Schiffer seine ganze Familie mit an Bord. Eine Kapitänsfrau erzählt, daß sie mit zwei Kindern von knapp über einem Jahr und zwei Jahren ihren Mann auf seinen weiten Fahrten nach Südamerika begleitet hat. Der alte Seemannsaberglaube, daß Röcke an Bord dem Schiff Unglück bringen, ist überwunden, Die Verproviantierung ist durch die Einführung von Konserven und kondensierter Milch verbessert, die Gefahr des Skorbut, dessen Spuren die älteren Seeleute durchweg aufwiesen, ist im wesentlichen behoben. So gibt es manchen Kapitän, der jahrelang mit seiner ganzen Familie an Bord fährt. Allen Respekt vor den Frau-

* Übersetzung auf Seite 156

en, die diese Strapazen auf sich nehmen. Denn selbstverständlich darf man nichts von dem Komfort, der heute auf unseren großen Passagierdampfern herrscht, für die verhältnismäßig kleinen Segelschiffe voraussetzen. Erst wenn die Kinder schulpflichtig wurden oder wenn neuer Familienzuwachs bevorstand, kehrten sie aufs Fischland zurück. Aber selbst schulpflichtige Kinder fuhren in den Ferien mit ihrer Mutter oft nach England oder Holland, wenn das Schiff des Gatten von Übersee zurückkam, und blieben an Bord, bis man von dort aus in Rostock landete.

Doch auch diese letzten Zeiten, die ein Stück Familienschiffahrt darstellen, soweit sie den Schiffer betreffen, gehen ihrem Ende entgegen. Immer klarer wird es, daß die Zukunft dem Dampfer gehört. Mit jedem Segelschiff, das abgewrackt wird, und das Verhängnis bricht in steigendem Maße über die mittleren und kleinen Schiffe herein, soweit sie nicht ein dürftiges Auskommen in der Küstenschiffahrt finden, wird eine Mannschaft gezwungen, auf einem der einst von ihnen verachteten Smokewer anzuheuern. Und die Dampferkapitäne nehmen die Besatzungen der alten Segler gerne. Denn der Dienst auf den Segelschiffen bleibt nach wie vor die hohe Schule des Seemanns. Bis in die jüngste Zeit hinein mußte jeder, der sein Steuermannsexamen machte, eine bestimmte Zeitlang auf einem Segelschiff gefahren sein. Und als nach dem Weltkrieg die Segelschiffe ausstarben, richteten Staat und Reedereien Segelschulschiffe ein, auf welchen die werdenden Seeleute ausgebildet wurden. Die alten Fahrensleute selber aber versöhnten sich mit den Dampfern. Der Dienst war leichter, die Verpflegung besser, und nach wie vor lockten die fernen Küsten, nach denen ihnen die Sehnsucht nun einmal im Blute lag. Halten konnten sich eine Zeitlang noch die großen stählernen Klipperschiffe, die vor allem von Hamburg ausliefen zu den Fahrten an die Westküste von Südamerika. Und es ist charakteristisch für den Fischländer, daß eine stattliche Anzahl von ihnen nach dem Zusammenbruch der Partenreederei auf den berühmten P-Klippern von Laeiß als Kapitäne gefahren sind. Die letzten Fischlandschiffe mußten sich fern in der Welt Routen und Frachten suchen, die abgelegen und außerhalb der normalen Dampferlinien lagen. So sind einzelne Schiffe noch durch Jahre hindurch regelmäßig zwischen Mauritius und Australien gefahren und haben selbst in dieser Zeit einigermaßen lohnende Frachten gehabt. In den 90er Jahren aber wird ein Schiff nach dem anderen aufgelegt und verkauft. Schweden zunächst, dann das wirtschaftlich bedürfnislosere Finnland übernehmen die Rostocker und mit ihnen die Fischländer Flotte, und hin und wieder tauchten die alten Windjammer noch ab und an im Rostocker Hafen auf, und oft lugte am Heck oder am Bug unter dem neuen Anstrich noch der alte Name hervor.

Seefahrend Volk aber sind die Fischländer geblieben, wie ihre Väter waren. Und als ihnen der benachbarte Hafen von Rostock nicht mehr Beschäftigung und Brot geben konnte, nahm die mächtig emporblühende Hamburger Flotte sie auf. Freilich die Mannschaft siedelte mehr und mehr an die Niederelbe über. Auch die jüngeren Schiffer verlegten ihren Wohnsitz nach Hamburg und Bremen. Aber zäh hält noch heute eine erhebliche Anzahl alter Kapitäne an der alten Heimat fest. Im Weltkriege haben sie durchweg noch Dampfer geführt. Manch einer ist auch in dem gegenwärtigen Krieg wieder aufgerufen worden und führt Schiffe nach Norwegen und in die baltischen Häfen. Die Alten aber sitzen daheim, und ihre Gedanken wandern hinaus in die Weite, die ihnen so wohlvertraut ist. Bei ihnen liegt die Tradition des großen Jahrhunderts der Segelschiffahrt, das nunmehr vorübergegangen ist und der Geschichte angehört.

Schlußwort

So wären wir denn nun am Ende und schlagen das Buch der Vergangenheit, in dem wir geblättert haben, zu. Schicksale und Erlebnisse des Fischlandes, wie sie hier an uns vorübergezogen sind, sind nicht Dichtung.

Sie sind erwachsen aus eindringlicher Beschäftigung mit den Quellen. Nur in ihrer Formung herrscht dichterische Freiheit. Es ist nicht ganz leicht, Akten, Schiffsjournale, Abrechnungsbücher so lebendig zu machen, daß ein plastisches Bild entsteht. Und doch, der Historiker hungert nach diesen scheinbar dürren Überbleibseln der Vergangenheit. Nur zu viel ist teils unbedacht, teils aus Gleichgültigkeit der Zerstörung anheimgefallen. Oft ahnt auch der Laie gar nicht, wie wichtig Briefe, Rechnungen, Anschreibebücher und Bilder für den Geschichtsschreiber sind. Und darum eine Bitte an meine Leser: Es besteht der Plan einer größeren geschichtlichen Darstellung der mecklenburgischen Segelschiffahrt. Was wir dabei zunächst gebrauchen, sind vor allem Schiffsjournale und Schiffsbilder. Ich habe in Wustrow, wo nahezu 500 Kapitäne Schiffe geführt haben, ein einziges Journal oder Schiffstagebuch auftreiben können. Eine wertvolle Quelle war ein Anschreibebuch, das mir die jährlichen Verzinsungen der verschiedenen Schiffsparten festzustellen erlaubte. Ich wäre dankbar, wenn der eine oder der andere meiner Leser (je mehr, um so besser) mir solches Material leihweise zur Verfügung stellte, damit ich Bücher und Geschäftspapiere ausziehen, Bilder fotografieren könnte. Selbstverständlich bleibt beides, Bild wie schriftliche Quelle, Eigentum des Verleihers und wird jederzeit zurückerstattet. Auch Briefe können sehr wichtig werden, setzt sich doch letzten Endes eine Geschichte der mecklenburgischen Segelschiffahrt eigentlich aus einer Summe von Biographien der einzelnen Schiffe zusammen, und darüber hinaus aus dem, was Kapitäne und Mannschaft auf ihren Reisen erlebt haben. Heute, im Zeitalter der Entrümpelung und der Altpapiersammlung ist die Gefahr, daß Wichtiges verloren geht, größer als je. Darum noch einmal die Bitte: Gebt acht bei Entrümpelungen und setzt euch mit dem Verfasser in Verbindung, wenn in alten Schränken Papiere und Briefe, die Schiffahrt betreffend, irgendwo vorhanden sind.

Übersetzung zu Seite 151/152

Mit einem tüchtigen Kapitän bei Sturm auf der offenen See, mit einem gemächlichen (angenehmen, guten) Schiff unter den Beinen bist du so sicher wie der Priester bei der großen Wasserfrage in der Kirche. Doch bei auflandigem Sturm in engem Fahrwasser die Segel losgemacht und aufgezogen, auf so einem alten lecken Pott, so einem Seelenverkäufer, der mit allen Pumpen nicht zu halten ist, rettet dich kein Schwimmen und kein Beten und keine Navigation. Rasmus (=Neptun) geht mit Mann und Maus in den Kohlenkeller rein, so sicher wie der Küster mit seiner Korlin (=Caroline) in die Koje.

Erklärung der seemännischen Ausdrücke

Abdrift	Der Weg des Schiffes senkrecht zur Fahrtrichtung
Anmustern	Den Dienst auf einem Schiff antreten
auffrischen (vom Wind)	An Stärke zunehmen
anbrassen	Die Rahen mittelst der Brassentaue anholen
Babbeljahn gehen	Bezeichnung für das An-Deck-bleiben-müssen der Schiffsjungen
Butenlandscher	Ausländer, hier: nicht vom Fischland Gebürtiger
Beidrehen	Das Schiff möglichst schräg zur Windrichtung stellen, wobei es wenig Fahrt macht und dem Sturm wenig Segelfläche bietet
Besteck	Die Bestimmung des Schiffsortes durch astronomische Berechnung
Brassen	Taue zum Verstellen der Rahen
Bugspriet	Das Rundholz, das über den Bug des Schiffes schräg hinausragt
Delf	Schlingel
Dünung	Seegang ohne Wind
Flaute	Windstille
Havarie	Beschädigung von Schiff oder Ladung
Helgoländer	Gestrickte Wolljacke, Pullover, Helgoländer
Kieker	Fernglas

Kneifsteck	Eine bestimmte Art von seemännischem Knoten
Koje	Wandbett auf Schiffen
Kombüse	Schiffsküche
Maat	Bezeichnung für den Schiffskameraden
Nivigationsakte	Gesetzliche Bestimmung In England, wonach Waren nur von Schiffen des Erzeugerlandes oder englischen Schiffen eingeführt werden durften, Gegen den Zwischenhandel gerichtet
Pahlsteck	Eine bestimmte Art von seemännischem Knoten
Parten	Anteile der Bausumme des Schiffes, eine unkündbare Schiffshypothek, dividendenberechtigt und zuschusspflichtig
Positionslaterne	Je eine rote und grüne Laterne am Bug des Schiffes
Rank	Auf das Schiff bezogen: geringe Stabilität habend, auf den Menschen bezogen: schlank, schmal
Reef	Segelverkleinerung. indem man einen Teil der Leinwand aufrollt oder zusammenbindet
Reling	Eine das Deck umgebende Brüstung
Roof	Mannschaftsraum
Rudergänger	Der das Steuerrad bedienende Matrose
Shipchandler	Inhaber eines Geschäftes, das Schiffsausrüstung und Kleidung für Seeleute verkauft
Schiemannsgarn	Bändselwerk zum Schutz der Taue, aus altem Tauwerk gemacht

slippen	Fahren lassen, treiben lassen
seedoll	Seekrank
seilen	Segeln
Sextant	Optisches Gerät zum Messen der Sonnenhöhe
Schaffen	Ausdruck für die Mahlzeit auf einem Schiff
Schlagseite	Das durch Havarie entstandene Überliegen eines Schiffes nach einer Seite
Sonnenbild herunterholen	Durch Spiegelung wird im Sextanten das Sonnenbild auf die Horizontlinie heruntergeholt
Smutje	Schiffskoch
Stropp	Taukranz
Stagsegel	Meist dreieckige in Längsrichtung des Schiffes gespannte Segel von Mast zu Mast oder vom Mast zum Klüverbaum
über Stag gehen	Wenden
Sturmklüver	Kleines dreieckiges Segel, welches bei Sturm gesetzt wird
Törn	Hier soviel wie Reise
zurren	Binden

Philipp Galen
Der
Strandvogt
von
Jasmund

Wilhelm Lobsien

Klaus Störtebeker

156 Seiten; Br.; 12,5 cm x 18,5 cm

978-3-944102-51-1; 1. Auflage; 12,00 €

eBook: 978-3-95560-708-1; 9,99 €

www.demmlerverlag.de

Gerhard Dallmann

Die Sommerkinder von Ralswiek

Ein Ferienabenteuer

264 Seiten; Br.; 12,5 cm x 18,5 cm

978-3-944102-56-6

4. Auflage; 12,95 €

www.demmlerverlag.de

Der Autor

Gerhard Ringeling (* 19. Juni 1887; † 31. Dezember 1951), auch Hans-Gerhard Ringeling, war Pädagoge und Schriftsteller, der auch unter dem Pseudonym Johannes Gerhard publizierte.

Ringeling besuchte bis 1907 das Gymnasium in Schönberg (Mecklenburg) und studierte danach an den Universitäten in Marburg und ab 1909 in Rostock Germanistik, Geschichte, Anglistik und Philosophie. 1913 wurde er Lehrer an der Realschule Schwerin. Im Jahr 1915 promovierte er an der Universität Rostock zum Dr. phil. und wirkte anschließend als Gymnasiallehrer am Friderico-Francisceum in Doberan. Ende 1915 wurde er Studienrat.

Als Mitglied des Heimatbundes Mecklenburg begann Ringeling ab 1926 gezielt mit seiner schriftstellerischen Tätigkeit. Themen waren vor allem des Lebens der Menschen an der Küste, die Gestaltung von Natur- und Lebensbereichen seiner näheren Umgebung sowie die Auseinandersetzung der Menschen seiner Heimat mit den Besonderheiten des Meeres. Viele seiner Erzählungen und Geschichten finden auch nach seinem Tod weiterhin lebhaftes Interesse.

Im Jahr 2020 wurde die Gerhard-Ringeling-Straße in Bad Doberan nach ihm benannt.